スピーチ・プレゼン・研修・セミナー・講演

人前で30分話すための プロの実践テクニック

THE PROFESSIONAL TECHNIQUES FOR PUBLIC SPEAKING

ラジオDJ
麻生けんたろう
KENTARO ASOU

同文舘出版

はじめに

　セミナー講師を頼まれた。
　大事なプレゼンを任された。
　はじめて講演をすることになった。

　でも、うまく話せる自信なんてどこにもない。そもそも、30分も話せるだろうか。考えれば考えるほど不安だらけ。せめて大勢の前で恥だけはかきたくない……。
　あなたはこんな悩みを抱えていませんか？

　あるいは、どうしてあの人が話すとみんな前のめりになるのだろう？　話がおもしろいから？　わかりやすいから？　情報に価値があるから？　それとも、容姿端麗だから？　同じテーマなのに自分が話すといつもシーンとしてしまう……。
　そんな悔しい思いをした経験はないでしょうか？

　もし、あなたがそうだとしたら、本書が必ずお役に立つことをお約束します。なぜなら、この本を読めば、**聴衆を惹きつけ、わかりやすい、おもしろい、飽きない**と感じてもらえるセミナーや講演、プレゼンが最低30分以上できるようになるからです。

　はじめまして、麻生けんたろうと申します。
　あなたが本書を手にとるのをずっと待っていました。立ち読み

されている方は、「**買いなさい**」とは言わないので、あと少しだけおつき合いください。

　私は今でこそラジオパーソナリティーとして、セミナー講師として、しゃべる仕事をしていますが、もともとはあがり症のサラリーマンでした。

　販売店向けに新商品を説明する勉強会を任されても、大勢の前では緊張してうまく伝えられず、営業成績はいつもビリ。参加者からあくびが出るほど、恥ずかしいプレゼンをしていたのです。そんな自分がいやで、アナウンス学校に通い、あがり症を克服しました。

　5年後にはラジオパーソナリティーとして番組を持つまでになりましたが、生まれ変わった後でも、はじめて講演を頼まれたときは、あたふたしたのです。

　ラジオでは資料をもとに情報を伝えればいい。フリートークもどんなに長くたって曲やCMにいくまでの18分です。しかし、講演ともなれば最低30分は1人でしゃべらなければなりません。

　そんなに長い時間、相方なしで何をしゃべればいいのか？　つまらないと思われないか？　たいしたことなかった、何の学びもなかった、知っていることばかりだった、わかりにくかったとは思われないか？　**恥だけはかきたくない**……。

　しゃべりの仕事をしているという肩書きが、余計にプレッシャーとなったのです。

　案の定、デビュー講演は落ち込む結果になりました。

アンケートを見ると明らかに評価が低かった。でも、その悔しい思いをしたおかげで、**どう話せば聞き手は満足してくれるのか、わかりやすい、おもしろいと感じてもらえるのか、1人で1時間でも2時間でも話せるようになるのかがわかったのです。**
　あなたの不安や悩みも、以前の私と同じであれば、これだけはお伝えしたい。たとえ立ち読み中であっても記憶してください。

　聴衆が気にかけているのはただ1つ、自分が何を体験できるかだけ。聞き手は体験したがっているのです。

・人前で話すときは、聞かせるではなく、何か体験させる
・その体験によって、能動的に関わりたいと思わせる
　このサイクルを螺旋階段のように上昇させていくことで、聞き手は関心を持ち、前のめりになり、おもしろいと感じ、最終的にはあなたの期待する一歩を踏み出すようになるのです。

　あなたも、**この本を読むことでどんな体験ができるのか、本当は知りたい**はずです。

　はじめて人前で話すことになったという**初心者の方は、1章からお読みいただければ、自然と伝わる力が身につくようになっています。**

　すでに講師として活躍されていたり、スピーチやプレゼンを何度も経験されている**中級者以上の方は、最初から順にページをめ**

くる必要はありません。目次を見て気になるところだけでもざっと目を通してください。

　本書の内容は、私がラジオパーソナリティーとして、セミナー講師として、16年以上もの間、現場で培ってきたものばかりです。

　その上で「やっぱりこれは役に立ちそうにないな」と感じたら、そのまま本を置いて、私のことは忘れてください。

　ですが、もし、「テクニック例などを見ても、おもしろそうだし、これは実践に使えそうだ」と感じていただけたなら、どうぞ最後のページまでおつき合いください。
　これ1冊で恥をかかない程度から、相手が前のめりになるセミナーや講演、プレゼンができるようになる——あなたが今手にしている本は、あなたに向けて書いた本なのです。

　最後に1つだけお願いがあります。読んで本書の内容を実践したら、各項目の右上にあるチェックボックスにチェックマークを入れるようにしてください。チェックマークが増えれば増えるほど、聴衆の反応が変わっていくのがわかるでしょう。

　話す力、伝わる力、影響を与える力を持つ準備はよろしいでしょうか。
　「人前で30分話すための　プロの実践テクニック」を読んで、あなたはまず、聞き手にどんな行動をさせたいですか？

CONTENTS

はじめに

1章 今すぐ実感！相手により届く魔法の公式
伝わる力が1ランク上がる「基本」編

「伝わる」の大原則
伝わる力は3×7の要素で決まると知る …… 14
- 3つの「伝達経路」…14／7つの「伝達純度」…16

「伝わる」の大原則
自分の「伝わる力」を計測し、ちょっとずつ最大化する …… 19
- ちょっとずつ最大化にチャレンジ！…22

本番であがらないために
緊張・不安を半分にする …… 23

その場でできるあがり解消法
メンタルチューニングその1　心と体を伸ばす …… 26
- 「自分を大きくする」具体的な手順…27

その場でできるあがり解消法
メンタルチューニングその2　ワクワクあがる！ …… 29
- 2種類の感情―「受動的感情」と「創造的感情」…30／「混乱法」を使ったメンタルチューニングの手順…31

あがらずに話すための準備
原稿を3段階でつくる …… 33
- 初心者は1に準備、2に準備！　とことん準備に徹する！…33／❶話し言葉で書き出す…33／❷友達言葉、耳障りな表現を削除する…35／❸事前に必ず声に出す…36

あがらずに話すための準備
しゃべりにハンドルの遊びを持たせる …… 38

力を120%発揮するための準備
ビギナーこそ備品・小道具にこだわる ……………………… 41
- 演台の力を利用する… 42／聞き手の視線をそらせる映写資料… 42

力を120%発揮するための準備
初級者はゆっくり話すことだけを意識 ……………………… 44
- 小泉進次郎はなぜゆっくり話すのか？… 44

力を120%発揮するための準備
プリショーで最高の本番を迎える ……………………… 46

力を120%発揮するための準備
前の晩につながっておく ……………………… 49
- できる範囲で参加者と事前につながろうとすることが重要… 50

2章 急がば回れ！まずは聞いてもらえる下地をつくる
おもしろそうと思われる「つかみ」編

第一印象をコントロールする
立ち位置メッセージで制す ……………………… 54

第一印象をコントロールする
権威を感じさせる ……………………… 56
- なぜ、私たちは知らない人の話を受け入れてしまうのか… 56／服装やバッグなどの持ち物で示す… 57／雑談のフリをして忍ばせる… 59

第一印象をコントロールする
聞き手の関心、業界・属性に合わせる ……………………… 60
- 何を期待されているか？… 60／できる限り聞き手の業界・属性に言語を合わせる… 61

参加者の緊張をほぐす
アイスブレイクを入れてみる ……………………… 63

💬 他己紹介…63／共通点探しゲーム…64／リアクションゲーム…64

聴衆の関心を惹きつける
鉄板つかみ12パターン 前編 …………………………… 67
💬 ❶YESセットあるあるつかみ…68／❷近況報告つかみ…69／❸ご当地話つかみ…70／❹参加者いじりつかみ…71／❺どん底ストーリーつかみ…72／❻スポーツ新聞つかみ…74／❼名言、法則つかみ…74

聴衆の関心を惹きつける
鉄板つかみ12パターン 後編 …………………………… 76
💬 ❽クイズ質問つかみ…76／❾視覚・体験つかみ…77／❿煽りつかみ…79／⓫メリットつかみ…80／⓬目次つかみ…81

聴衆の関心を惹きつける
疑問の先回りで話す ……………………………………… 83

聴衆の関心を惹きつける
1人1人とラポールを築く ……………………………… 85
💬 体も向けてアイコンタクト…85／名前で呼ぶ…86

3章 ドラマと同じ！退屈させない伝え方の極意
最後まで聞いてしまう「構成」編

構成の基本
まずは「目次式」の構成を考える ……………………… 90
💬 Aの話を5分、Bの話を5分、Cの話を5分用意する…91

納得感が高まる構成
「PBREP(ピビレップ)」で理解・納得してもらう ………… 94

興味・関心を持続させる構成
「マルチプルアウト」でゴールを決める ……………… 96
💬 占い師の話術を取り入れる…97／マルチプルアウトでどんな会話も

購入へと持ち込める…99

興味・関心を持続させる構成
「ネストループ」で最後まで退屈させない……102

4章 ラジオで培った技！パッと理解させる話術
わかりやすいと言われる「表現」編

わかりやすい説明のコツ
マジックナンバー3で伝える……110
- 答えに窮したら「3つ」と言い切る…111

わかりやすい説明のコツ
数字を入れる……113

わかりやすい説明のコツ
別の表現に置き換える……115
- 置き換え1 動詞に置き換えてみる…116／置き換え2 擬音・擬態・擬人に置き換えてみる…117／置き換え3 国語辞典を活用する…118／普段からアンテナを張っておく…120

わかりやすい説明のコツ
前フリを入れる……122
- ❶同意・共感を求める…123／❷質問をする…124／❸クッションフレーズを使う…125

わかりやすい説明のコツ
半径5m以内の話をする……127

わかりやすい説明のコツ
繰り返す！……129

話の納得感を高める
ロジック、エモーション、トラストの3要素を含めて話す……131

🗨 真に納得してもらうには「トラスト（信用）」が不可欠… 134 ／より聞き手に届く壇上での動き方… 135

「聞きやすさ」を追求する
自分のリズムで話さない ……………………………………………… 137

「聞きやすさ」を追求する
語尾のヒゲを剃る …………………………………………………… 140
🗨 語尾のヒゲを剃るコツ… 140

「聞きやすさ」を追求する
話の印象を決める語尾にとことん気を配る！ …………… 143
🗨 鼻濁音が出せると言葉が美しく聞こえる… 145

「聞きやすさ」を追求する
とにかく「明るい声」を意識する ………………………………… 147
🗨 プロのしゃべり手が発声練習を大事にしている理由… 148 ／発声は大きく、高く、強く、短く、気合で！… 149 ／母音で言葉全体の明るさが決まる… 150 ／プラス響く声で… 152

伝わる力をさらに高める
身振り手振りの非言語メッセージを加える …………………… 154

5章 聴衆をググッと前のめりにさせる奥の手
釘づけにならざるを得ない「演出」編

演出の基本
聞き手が前のめりになるほど惹きつけるには？ ……………… 158
🗨「エンターテイナー」であるとイメージする… 158 ／「2×2のコミュニケーション」が鍵… 159

非言語で前のめりにさせる
情報ではなく体験を与える ……………………………………… 161

💬 ❶観察力の大切さを伝えたい時…161／❷シンクロニシティや集合的無意識を説明する時…162／❸緊張を和らげるノウハウを伝えたい時…164

非言語で前のめりにさせる
誰でも実践できるカンタン体験アイデア ……………………………… 166
💬 開始15分以内に聴衆の誰かを前に呼ぶ…166／クイズを出す…168

非言語で前のめりにさせる
体験と伝えたいメッセージにブリッジをかける ……………… 170
💬「首振りドラゴン」からメッセージを書き出す…171

言語で前のめりにさせる
5分に1回笑いの要素を入れる ………………………………… 173
💬 基本その1 お葬式理論を使う…174／
基本その2 恥ずかしい話をする…175／基本その3 天丼を使う…176

ツールで前のめりにさせる
聞き手の意識を1ヶ所に固定させる ………………………… 178
💬 視覚だけじゃない！ 五感のいずれかに意識を固定せよ…179

テーマ設定・構成で前のめりにさせる
欲・悩みにからめる。3対7の比率で話す …………………… 181
💬 5つの欲、悩みにからめる…181／
7割は「何となく」を取り上げる…182

言語で前のめりにさせる
話の中にエッジを効かせる ……………………………………… 185

言語で前のめりにさせる
アイスブレイクだと気づかせない ……………………………… 188

言語で前のめりにさせる
質問タイムでは褒める ……………………………………………… 190
💬「質問が出ない」「質問に答えられない」場合はどうする？…191

6章 勝手に変わる！理想の未来へと行動しだす話し方
聴衆が衝動的に一歩踏み出す「暗示」編

行動へとつなげる種蒔き
して欲しい行動を暗示で伝える …… 194
- 仮定で話す… 194 ／他人の話にかこつける… 196 ／わざと話を中断する… 197 ／アナログマーキングをする… 198

発芽を促す
聞き手の背中をポン！ と押す実践ノウハウ 前編 …… 201
- 簡単なステップを示す… 202 ／リフレーミングで導く… 203 ／ユーティライゼーションで魔法をかける… 204

発芽を促す
聞き手の背中をポン！ と押す実践ノウハウ 後編 …… 208
- コンシャス-アンコンシャス・ダブルバインドで誘導する… 208 ／前提を忍ばせる… 211

発芽を促す
ダブルミーニングを仕掛けておく …… 214

発芽を促す
最初に終わらせておく …… 216

発芽を促す
最後はモチベーターになる …… 218

おわりに

カバーデザイン	村上顕一
本文デザイン・DTP	草水美鶴

1章

今すぐ実感！
相手により届く
魔法の公式

伝わる力が1ランク上がる

「**基本**」編

1章の概要

とにかく恥はかきたくない――。本番まで時間がない。なんとか普通に話せるくらいにはなって、このピンチを切り抜けたい……。
そう願っているあなたや、プレゼンやスピーチ、講演など、人前ではじめて 30 分以上話すことになった初心者は、この 1 章を真っ先にご覧ください。わずか 40 ページですが、読み進めていくうちに不安が解消されていくでしょう。原稿のつくり方、本番までの準備の仕方といった基本はもちろん、今すぐあなたの伝わる力がアップする魔法の公式と、緊張感を半分に減らせるメンタルチューニング、本番で力を 120% 引き出すことができる実践ノウハウをご紹介しています。どれも難しくありません。簡単に試せるものばかりです。初心者の方は、あれもこれもやろうとはせず、まずは、この章に書かれたことだけを素直に試してください。恥をかかないどころか、聞き手にあなたの伝えたいことがしっかり届くようになります。最初のゴールをめざして、さっそくページをめくってください。

「伝わる」の大原則　　　　　　　　　　　　　CHECK! ☐

伝わる力は
３×７の要素で決まると知る

　まず、あなたの伝える力がどのくらいなのか、実力を客観的に把握してみましょう。プレゼン、講演・講義、スピーチのすべてにおいて必要不可欠な"相手に伝わる力"は、次の公式で決まります。

相手に伝わる力
$=$
（意識 ＋ 潜在意識 ＋ 集合的無意識）
$\times$
**（いつ × どこで × 誰に ×
何を × どのように × 外見 × あり方）**

　数学が苦手な方は、のっけからこんな公式を見せられて不安になったかもしれません。
　でも、大丈夫！　簡単なので、これを知るだけでも、今すぐあなたの伝わる力が１ランクあがります。

💬 ３つの「伝達経路」

　最初の３つ（意識、潜在意識、集合的無意識）は伝達経路です。

プールの水をためるのにホース1本より3本のほうが早くたくさん入れられるのと一緒で、意識、潜在意識、集合的無意識の3つの経路を使いこなせると、伝わる力がそれだけ大きくなります。
　3つの経路とは具体的にどんなものでしょうか。
　たとえば「私の誕生日は6月30日です」とあなたに話したとします。すぐさま「私の誕生日はいつですか？」と尋ねれば、あなたは「6月30日です」と答えるでしょう。これが**意識を使った伝達**です。私の誕生日は6月30日だと意識上ではっきりとわかる。

　でも、「私の誕生日は……」の後に月日をささやかれたり、少しいたずらっぽく言われたりしたら、さっきとは違う印象になるはず。印象が違うということは、何か別の情報が伝わっているのです。これが**潜在意識を使った伝達**です。
「もしかして、誕生日にプレゼントが欲しいってこと？」
「ひょっとして、6月30日は何か別の日でもあるの？」
　そんなことをぼんやりと感じる。でも、意識でそれが何なのかは確信できない。一瞬「ん？」と違和感をおぼえた後は何もなかったように通り過ぎていく。でも、6月30日になるとあなたは私に誕生日プレゼントをくれるのです。
　このような伝達経路があることを経験上知っていても、使いこなせている人はなかなかいません。多くの人は意識だけしか使っていないからです。

　3つ目もそうです。
　スイスの心理学者カール・グスタフ・ユングは、私たちの心は国や民族、時間を超えてすべて深いところでつながっているとい

う「集合的無意識」の存在を説きました。

　呼び名は聞いたことがなくても、初恋のあの人は今頃何してるかなぁと考えていたら、同窓会のお誘いがあったり、久しぶりに友達とランチに行きたいなぁと思っていたら、その友達からメールが届いたり、あるいはすでに亡くなっている人の声やメッセージを感じ取ったりした経験が誰にもあるでしょう。一歩間違えばオカルトの世界です。でも、たしかにあるよねと実感できる。時間も空間も超えて伝えられるなんて、これほど強力な経路はないのに、潜在意識同様、使いこなせている人はほとんどいません。

7つの「伝達純度」

　残り4つ目以降の7要素（いつ×どこで×誰に×何を×どのように×外見×あり方）はコミュニケーションそのもののクオリティ、いわば伝達純度を表わします。

　話し方を指南する書籍の多くは、「結論を先に言う」「ジェスチャーを交える」「声を響かせる」など、どれも **「どのように」を述べているだけで、他の要素にはほとんど触れていません**。限られたページ数で細分化された読者の悩みに答えるために、テーマを絞らざるを得ないという事情もありますが、これでは、臓器を見て人を診ない医者と同じになってしまいます。

　これまでたくさん本を読んだり、セミナーに参加したりしても、いっこうに上達しないと感じるならば、それは苦手な一部分だけを学ばされ、もっと簡単に伸ばせる他の要素を考慮してこなかったからなのかもしれません。伝わる力をアップさせるには、全体像をチェックする必要があるのです。

たとえば、お小遣いをあと少しあげて欲しい……こんな場面をリアルに想像してみてください。

　機嫌が悪い時よりも、穏やかな時に話したほうが聞いてもらえますよね。さらに宝くじが当たったとか、上司に褒められたとか、何かよい出来事があった日のほうが成功率は高まるでしょう。

　反対に、どんなに滑舌よく、ジェスチャーを交えて「お小遣いをあげてくれ」と結論を先に言っても、約束をすっぽかした後に切り出したら、100％却下されます。それどころか余計に怒らせてしまう。ビジネスの世界では商談は午後よりも午前中にしたほうが決まりやすいというノウハウもあるくらいです。

　これは「**いつ**」の部分、**タイミングによって伝わる力が変化する**ことを意味します。

「**どこで**」も非常に重要です。

　ベンチャーキャピタルとの1000万円の支援交渉を、段ボールがいくつも積み上げられた倉庫の裏でしたら、うまくいくでしょうか？　街ですれ違った見知らぬ女性にパッと声をかけて、水着になってもらえるでしょうか？

　もちろん、「どのように」を極め尽くした話術があれば何とかなるかもしれません。けれど、場所をホテルの最上階にする、目の前にプールを用意するといったアプローチのほうが、よっぽど簡単にYESをもらえます。

「**誰に**」の要素については、話術にからめて指南している本を目にしますので、すでにご存じかもしれません。

　でも、「知っている」と「できている」は違います。

　どんなにわかりやすい説明をしても、相手が外国人なら理解し

てもらえない。そんなことは当たり前でしょうと笑うかもしれませんが、職場の後輩に「お前にしかできない。自信を持て！」と声をかけて、機嫌を悪くされてしまう。飲み会では隣に座った女性に「キミは家庭的だね」と話しかけて、それ以降無視される。

　相手を間違えると、流行のペップトーク（スポーツ選手を褒める、励ますために指導者がかける短い言葉）をしたつもりが「アレレ？」となってしまうのです。

「何を」は文字通り、情報であったり、想いであったり、伝えたいことそのもの。

　セミナーや講演に参加する人の中には、理由はともあれ、自らの意志ではなく、上司や取引先に強制されて席に着いている人もいます。人数集めで呼ばれただけかもしれない。

　しかし、そんな状況であっても、参加者にとって「え？」「ナニナニ？」と興味を喚起させられる内容であれば、それだけであなたの話は伝わっていくでしょう。

　そして「どのように」は、話術など多くの人が学んでいる要素であり、ノウハウも無数にあります。本書でも2章以降で詳しくご紹介していますが、残念ながら、これだけでは伝わりません。伝わる力を導き出す魔法の公式を見ればすぐに気づくはずです。

> **POINT**
>
> 相手に伝わる力は「3つの伝達経路」（意識＋潜在意識＋集合的無意識）×7つの「伝達純度」（いつ×どこで×誰に×何を×どのように×外見×あり方）で決まる。

「伝わる」の大原則　　　　　　　　　　　CHECK! ☐

自分の「伝わる力」を計測し、ちょっとずつ最大化する

　今からあなたに伝達純度の7要素の実力（センス）を0～10の間で数値化してもらいます。おおよその感覚でかまいません。10は達人、0はまったく能力なし、5は人並みというスケーリングで自己評価をしてみてください。

「<u>外見</u>」はあなたの見た目です。
　人間の本能に訴える感覚は伝わる力に大きな影響を及ぼします。ニュース番組でどんな女子アナが出演しているかを見れば説明は要らないでしょう。イケメン、美女なら6以上、自信がなければ4以下になるかもしれません。
　しかし、ここでいう「外見」は、鍛えられた肉体や素顔というよりも、==聞き手と対面したときの視覚印象そのもの==です。つまり、髪型やファッションでいくらでもカバーできる。センス次第で10をつけられるのです。
　ところが、髪はボサボサ、ジャケットもヨレヨレ、もっと極端な表現をすれば、朝起きて寝間着のままプレゼンをしたらどうでしょう？　とたんに「0」になりかねない。すると、たとえホテルの最上階でやっても、巧みな話術を実践しても、すべてがウソくさくなり、公式からも伝わる力は「0」となってしまうのです。

7要素を数値化する

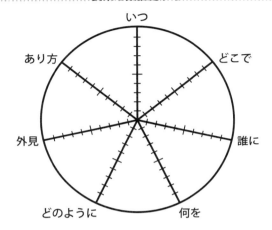

 大事なのは、**どれか1つでも「0」だと、伝わる力も「0」になってしまうということ**。
 だから、最低でも1以上にする。現実的には、苦手な要素でも努力して、何とか「3」以上をめざし、得意な要素、好きな要素は6以上を実現する。そうすれば、あなたの「伝わる力」は無理なくアップできます。

 あと1つ、自己評価をして欲しい要素で残っているのが「**あり方**」です。
 たとえば、その人がそこに座っているだけで伝わってくるという人がいるでしょう。志や信条など、目に見えない何か揺るがない太い幹のようなものをその人の内面に感じたりすると、ふっと引き込まれてしまうことがあるはずです。
 魔法の公式では「あり方」と表現しましたが、人によっては

「人間力」だったり、「生き様」だったり、「カリスマ性」や「オーラ」と言い換えたほうがしっくりくるかもしれません。もっと簡単に「魅力」と捉えてもいい。

　いい機会なので、これも0〜10の間で数値化してみてください。これで全部です。

　今、あなたの目の前には、魔法の公式から導き出された「伝わる力」がはっきりと映っています。意外に力があるなと思った人もいれば、ガックリ気落ちした人もいるでしょう。

　けれど、それと同時に、「意識するだけで1ポイントくらいならアップできるな」と気づいた要素があるはずです。

　本当はそこからさらに踏み込んで、各要素のレベルアップ方法を細かく示したいところですが、残念ながらそれは叶いません。

　あなたの言葉を受け止める聞き手はそれぞれ違うため、これが答えだというものはないからです。

　ホテルの最上階にしても、説明の都合上、例にあげただけで、実際は自社の会議室のほうがはるかに伝わる場合だってあるでしょう。

　くどいようですが、これが答えだというものはありません。しかし、今のあなたは「どのように」ばかりを追いかけていた以前とは違い、魔法の公式を手にしました。伝わる力そのものを考え抜くという姿勢が身につきました。ダイエットでも体重計にのることなしに成功はないのと一緒で、現状を直視できたあなたは、すでにレベルアップしているのです。

ちょっとずつ最大化にチャレンジ！

　ここから先はどんな学びでも避けては通れない実践あるのみです。3×7の公式にあてはめ、試行錯誤の繰り返しです。

　伝わる力は「どのように」だけじゃない。参加者に学生がいようが社会人がいようが、同じような内容、構成でプレゼンしていたのを、これからは聞き手の立場でも考えてみる。こうした視点を持てただけでも「伝わる力」はアップしますが、1つ意識を持てたら、その学びをちょっとずつ深めてみる。慣れたら、他の興味の湧いた要素にも取り組んでみる。そうして、ちょっとずつスキルを磨いて、1ポイントでも魔法の公式から導き出される答えを最大化させるのです。

　いっぺんにやろうとすると続きません。あせらず、ゆっくり、ちょっとずつチャレンジしてください。

　たとえば、「外見」が苦手で1だとしても、早く5にしなきゃと悩む必要はなく、2にする程度でも十分です。3人の友人にそれぞれ服装のアドバイスをもらった。もう、それだけで以前とは違うのですから。倍もアップできた自分を褒め、学ぶことでワクワクする他の要素にもっと時間を割きましょう。遠回りしたほうが、結果的にセンスがないと思えた要素までレベルアップすることもあります。

> **POINT**
> 大事なのは「どのように」伝えるかだけではない。
> 1つの要素を1ポイントでもあげることを考える。

本番であがらないために　　　　　　　　　　CHECK! □

緊張・不安を半分にする

　魔法の公式であなたの能力や実力はわかります。伝わる力を最短で伸ばすポイントもわかる。でも、**それを本番で出し切れるかどうかは別問題**です。

　実力は10あるのに、いざ人前に立ったら胸がドキドキしてうまく話せなかった経験はないでしょうか。声が裏返る、足が震える、顔が赤くなる、言葉に詰まる……どれも緊張や不安からくるもので、特にはじめて大勢の前で話す時に出やすい症状です。

　私もはじめて結婚式のスピーチをした時は、覚えた原稿が途中で頭から飛んでしまいました。講演での講師デビューの日もそうです。ラジオだったらしゃべれるのに、ウケない、笑わない、反応が鈍いが続き、実力の半分も出せませんでした。

　だからこそ、伝わる力の最大化にチャレンジするのと並行して、**本番で実力を出し切れるメンタルチューニング**をおすすめします。

　私たちの心、精神状態はデリケートです。外からさまざまな影響を受けてしまう。

　たとえば、通勤電車の中で人と肩がぶつかる。化粧をしている女子高生を見る。たったそれだけで、さっきとは違う気持ちになっている。こうした現象を不思議がる必要はありません。

　気がついたら腹が立っていた、気がついたら左上の赤いボタン

で注文していた、これらは日常生活の至るところで起きている、れっきとしたマインドコントロールです。たとえ相手にそのような意志がなくても、あなたはマインドコントロールされてしまったのです。

　心得て欲しいのは、**私たちの心は思っている以上に無防備で、ほんのわずかな変化にも反応してしまう**ということ。

　緊張や不安も一緒です。
　壇上にあがり、聴衆の姿が目に飛びこんでくる。すると、とたんに挨拶を忘れてしまう。さらに、やったことがない、失敗した時の影響が大きい、ダメだなと思われたらどうしようと、自身が内側から生み出したものからも影響を受けます。
　メンタルチューニングはそうした不安や緊張をブロックするのに役立つのです。

　ただし、影響をまったくゼロにすることはできません。ですが、元あがり症のサラリーマンだった私のようにハートの弱い人でも半分には減らせます。
　実はどんな不安も緊張も、「結果」に対するものか、「状況」に対するものかの、いずれしかないからです。
　やったことがない、失敗した時の影響が大きい、ダメと思われたらどうしよう……これらはすべて結果に対する不安・緊張です。
　一方、大勢の前に立つとドキドキしてしまう、取引先でプレゼンすると調子が出ないのは、視線による恐怖であり、居心地の悪さであり、どちらも状況に対するものです。

　残念ながら、結果に対しての不安・緊張は、準備でしか消せま

不安・緊張は2種類

❶ 「結果」に対する不安・緊張

> やったことがない、失敗した時の影響が大きい、ダメと思われたらどうしよう

▼

準備でしか消せない

❷ 「状況」に対する不安・緊張（視線による恐怖、居心地の悪さ）

> 大勢の前に立つとドキドキしてしまう、取引先でプレゼンすると調子が出ない

▼

メンタルチューニングで消せる

せん。時間もかかるし、努力も相当に必要です。けれど、状況に対する不安・緊張は、その場で消せます。

　メンタルチューニングをするだけで、簡単にスゥーッと消せる。今感じている不安や緊張は必ず1/2にできるのです。

　ドキドキが半分になるだけでもかなりラクです。知っておいて損はありません。次のページから具体的にレクチャーします。

> **POINT**
>
> 視線による恐怖、居心地の悪さなど「状況」に対する不安・緊張は、メンタルチューニングをすることで、その場で消せる。

その場でできるあがり解消法　　　　　　　　　　CHECK! □

> **メンタルチューニング その1**
> **心と体を伸ばす**

　あがり症に限らず、心に影響する悩み、不安はすべて相対的なものです。

　たとえば、納車されたばかりの新車を電柱にぶつけたとしたら、自分の気持ちがどうなるかを想像してみてください。300万円もした新車です。すべての気力を失うくらい落ち込むでしょう。私にも似たような経験があります。凹んだピカピカのボンネットを直視するほどつらいものはありません。

　ところが、そこに隕石がドーンと落ちてきた。電柱のおかげで命拾いしたとします。迫りくる炎を背にあなたは必死に逃げる。その時、新車をぶつけたことなど、どうでもよくなっているはずです。

　もちろんこれは極端な例ですが、状況に対する緊張・不安も一緒です。悩みを相対的に小さくしてしまえば、気にならなくなるのです。

　100人の前で話すとなると視線が怖い。皆に見られていると感じるからです。でも、その関係性を逆転し、こちらが見る側になれば普段通り話せるようになります。では、どうすれば見る側になれるでしょうか？

一番簡単な方法が、相対的に**自分を大きくすること**なのです。足下にたくさんのアリを見ても「見られている」とは思わないでしょう。それと同様に、自分を大きくし、悩みの対象を相対的に小さくすればいいのです。
　とはいえ、体を物理的に巨大化することはできません。そこで、メンタルチューニングによりイメージの中で実現するのです。

🗨「自分を大きくする」具体的な手順

　まず、会場後方の天井の隅、左右２ヶ所を眺めます。意識をそこに集中させ、じっと眺めてみる。すると個人差はありますが、次第に模様がどうとか、左上は汚れているなぁとかがちょっと気になってきます。こうなればしめたもの。会場全体に気持ちが伸びている証拠なので、そのまま視点を遠くに置いて、「ここは私の心の中……広くて、大きい心の中……」とイメージすると、自分の心の中に聴衆がいる、すなわち、あなたのほうが大きくなっている状態になります。
　私はこのメンタルチューニングでウルトラマンのように巨大化し、見る側の立場で上から眺められるようになりました。

　会場を山頂に擬して「ヤッホー」と叫んだり、果てしなく続く海にして「バカヤロ～」と叫んだりするメンタルチューニングも効果的です。
　どちらも心と体が目の前の大きな存在にグングン伸びていく。一体化する。いつの間にか悩みの対象を飲み込んでいるでしょう。

　他にも、誰かが壁をたたくと痛いと感じる。こんな風に会場が

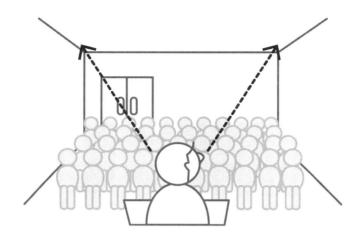

自分の体の一部だとイメージしてもいい。自分が相対的に大きくなるイメージであれば何でもかまいません。

そうして会場全体に気持ちを伸ばし、見る側の立場に逆転したら、最後のチューニングです。

前列左から1人1人丁寧に眺めていく。天上の模様が気になったように、「あの人は結婚しているのかな？」「あのネクタイは自分で選んだのかな？」「学生時代は何をしていたのかな？」と気持ちを伸ばしていきます。

このメンタルチューニングが確実に緊張を和らげ、実力を発揮させるのです。

> **POINT**
>
> 「会場よりも自分のほうが大きい」状態をイメージし、「見られている」自分から「見ている」自分になれば、あがりは消える。

その場でできるあがり解消法　CHECK! ☐

> ## メンタルチューニング その2
> ## ワクワクあがる！

　もう1つのメンタルチューニングは、不安・悩みそのものを意識のど真ん中に持ってくるものです。

　会場がホームからアウェーに変更される、年齢層が事前に聞いていたのとは違うなど、本番では常にアクシデントがつきものです。そうした状況不安を少しでも和らげようとよくやってしまうのが、「大丈夫、大丈夫」「私は落ち着いている、落ち着いている」と自分に言い聞かせるアファメーションではないでしょうか。「ツイテル！　ツイテル！」「私は幸せを感じている……感じている……」「ありがとう……ありがとう……」など、現状を変えるのに使われるアファメーションはたくさんあります。

　もちろん、これらすべてがまやかしというわけではありません。スポーツの世界では記録を伸ばすために、自分なりのアファメーションを持っている選手がほとんどです。ビジネスの世界でも成功者のエピソードで必ず出てくるほど積極的に使われています。

　今の状況にあせってもしかたがないから、不安やあせりを意識の外に追いやって、代わりに「大丈夫」「できる」などをど真ん中に持ってくる。こうした言葉でひゅっと気持ちを切り替えられる人はいいのですが、現実は前向きなアファメーションを唱えて

いるにもかかわらず、切り替えられない人のほうが圧倒的に多いのではないでしょうか。

　以前の私のように、そう思えば思うほど言葉に詰まる、慌ててしまう人ほど、メンタルチューニングその2が役立ちます。
　さっそく具体的な手順を示したいのですが、その前に、このメンタルチューニングは、催眠術でいう「混乱法」を用いて、創造的感情を生み出す手法であることを説明しなければなりません。

2種類の感情 ――「受動的感情」と「創造的感情」

　感情には2種類あります。
　1つは、電車を降りる時に人と肩がぶつかって「この野郎！」と思うようなもの。
　もう1つは、肩がぶつかっても少し間をおいて「遅刻しそうなのかな？」「きっと嫁さんとケンカして、いつもより出る時間が遅くなったんだね。お気の毒に……」と思うようなもの。
　ただ反応させられて自動プログラムを実行しているだけの「受動的感情」なのか、過去を断ち切り、自ら生み出している「創造的感情」なのかの違いです。

　映画を観て泣いたり、講演を聴いて「感動した！」と人に言ったりするのは、実は**感動しているのではなく、感動させられている**だけかもしれません。どちらが本当の感情なのか、ここでは問いませんが、会場がアウェーになる、年齢層が事前に聞いていたのとは違うと知った時に感じる状況不安も、そのほとんどが受動的感情です。

過去のイメージ、蓄えられた知識から、つい反射的に湧き起こる感情を断ち切るには、「混乱法」で今までに感じたことのない、**すぐに答えの出せない状況をつくり出す**必要があります。

「混乱法」とは文字通り頭を混乱させるものです。たとえば「息の長い一発屋」「昼メガネ」「バカ手袋」と聞いた瞬間、どんな感覚になるでしょう？　「マヨネーズビール」「豚クラゲ」「ブス界一の美女」……どれも最初は「ん？」となるはずです。

　過去にないものには、反射的に反応することができません。「『バカ手袋』って何？」「『ブス界一の美女』ってどんなんだ？」と一瞬でも考えざるを得なくなる。
　すると、その後に出てくる感情があります。笑し出すかもしれません。首をかしげたままかもしれません。でも、それは**反射させられたのではなく、自ら生み出した創造的感情**なのです。
　混乱法を用いると、過去を断ち切り、創造的感情を強制的に生み出すことができるのです。

　ご存じ、お笑い芸人の有吉弘行さんがつけたあだ名を例にしましたが、同じようなアプローチでメンタルチューニングすると、状況不安を消してしまうだけでなく、未来に向かって前向きに取り組めるようになります。

🗨 「混乱法」を使ったメンタルチューニングの手順

　まず、今感じている不安そのものを、意識のど真ん中に持ってきます。

たとえば、聴衆を前に「あがってはいけない……」、でも、そう思えば思うほどあがってしまう状況だったら、抵抗せずに「あがろう」と思ってください。あがっていいのです。
　ただし、ただ「あがろう」と思うのではなく、「ゆったりあがろう」と考える。「落ち着いてあがろう」「冷静にあがろう」「ワクワクあがろう」でもかまいません。
　とにかく、**「あがる」と対照的な言葉を結びつけて頭を混乱させる**のです。
　明らかに矛盾している言葉で混乱させる。すると、創造的にならざるを得ません。

「ゆったりあがるってどんな感情だろう？」と考える。すると次第に創造的な感情が刺激され、ふわっとした気持ちにチューニングされていきます。

　理由を知らずにやるとバカバカしいお遊びのようでしょう。でも、**このメンタルチューニングはプロのセラピストも使っている効果的な手法**です。
　上司の行動にイライラした時も、これからは「親しみをこめてイライラ」してみてください。
　自分を大きくするメンタルチューニング１と合わせて実践することで、より気持ちがラクになり、実力を出せるようになります。

POINT
「ゆったりあがろう」など対照的な言葉で自分を混乱させることで「創造的感情」が生まれ、気持ちが落ち着く。

あがらずに話すための準備　　CHECK! ☐

原稿を３段階でつくる

💬 初心者は１に準備、２に準備！　とことん準備に徹する！

　メンタルチューニングを知ったあなたは、今すぐ緊張を1/2まで減らすことができるようになりました。これだけでも十分効果を感じるでしょう。でも、さらにレベルアップして実力を出し切りたいと思ったら、残り半分の「結果に対する不安・緊張」を解くアプローチが必要です。
「結果に対する不安・緊張」を解くには、先にも述べたように、事前の準備が必要です。インスタントな解決法はなく、１ミリでも日々積み上げていく意識と行動の習慣化が欠かせません。

　準備を面倒くさがってはいけません。準備で得られる力はあなたが思っている以上に強力です。伝わる力を伸ばす実質的な力となり得るので、初心者は特に120％の準備で臨むくらいの意識と行動を習慣にしましょう。

💬 ❶ 話し言葉で書き出す

　準備にはコツがあります。各パートに分け、少しずつ計画的に、が鉄則です。

30分の講演・セミナーなら、タイトル決めからはじめましょう。まる1日費やしてもかまいません。構成（3章を参照）を考えるのは翌日でもいいのです。
　流れが見えてきてから原稿づくりに入ります。話す内容を一字一句書きあげてください。構成によりますが、30分の話なら、400字詰め原稿用紙18枚前後です。

　原稿の緻密さについては、読者のレベルによって意見の分かれるところかもしれません。項目だけ書いて、後はアドリブでできるという人もいれば、原稿を書くにしても、ざっくりでいいんじゃないかという考えもあるからです。
　それも踏まえた上で、私は==原稿を一字一句書いていくことをすすめています。特に初心者は絶対にそうしたほうがいい。なぜなら、後で振り返り、改善していくことができるから==です。

　M-1グランプリで優勝した超一流の芸人さんでさえ、一字一句台本を書いています。そして演じるたびにお客さんの反応を見て細かなアップデートを繰り返している。言葉のチョイス、話し方1つで笑いの数も大きさも変わることを知っているのです。

　でも、書くことに慣れていない、原稿書きだけは避けたい……そう思った人もいるかもしれません。テストで苦労した小論文をイメージした人もいるでしょう。
　けれどご心配なく。自分の考えと理由を伝えるという意味では小論文と何ら変わりませんが、その体裁は書き言葉ではなく、話し言葉でいいのです。
　「てにをは」も「です、ます調」も一切気にせず、普段、人と

話すままにWordなどのテキストエディタに打ち込んでください。独り言のようにつぶやきながら、どんどん進めていきましょう。

　この段階で書き直す必要はありません。話し言葉ですから、当然、文法的には間違いだらけでしょう。ちょっとでも読み返せば、書き直したくなります。ソフトによっては、わざわざ波線で知らせてくれるでしょう。でも、そんなの無視して、口から出てきたままを書き続けてください。

　原稿書きのコツはリズムを優先させることです。書きはじめでは特にリズムが重要です。話し言葉でどんどん書いていきましょう。書くことで、伝えたいポイントが頭の中で自然に整理されていきます。

　もしも、それでも書けないという場合は、そもそも伝えたいモノがないことになります。

❷ 友達言葉、耳障りな表現を削除する

　話し言葉で原稿をつくりあげたら、ここではじめて修正を加えていきます。

　読み返しながら、友達言葉と耳障りな表現を見つけてください。それを削除、もしくは適切な言葉に置き換えていくのです。

　たとえば、「そんでもって、これをやり続けていくことが大切です」とあったら、「そうした上で」と置き換える。「これはヤバイです」とあれば、まるまる削除、もしくは「これは好ましくありません」と変換していきます。

　普段、話している通りの言葉で書いていけば、当然、普段のま

まが原稿に映し出されます。でも、**TPO に合わなければ、魔法の公式で学んだように伝わりません**。

　書くときにはリズムを優先させましたが、終えた後は、どこで話すのか、ホテルなのか？　居酒屋なのか？　聞き手は若い女性なのか？　50 代のサラリーマンなのか？　などを考慮して、適切な言葉に変換していきましょう。

❸ 事前に必ず声に出す

　修正原稿ができたら、最初から最後まで必ず声に出してみます。国語の教科書を読むようにただ声に出すのではなく、本番をしっかりイメージした声でリハーサルをします。100 人の前で話すなら 100 人の前で話すように、20 人の前で話すのなら 20 人の前で話すように声に出します。

　すると、「あっ、ここはもう少しやわらかい表現がいいな」とか、「ここは言葉が出にくいぞ」「もっとはっきり話さなきゃ」「このエピソードは最後に持ってきたほうがまとまりそう」など、**黙読では気づけなかった細かな修正点が見えてきます**。

　時間がない、面倒くさい、家でやるのは恥ずかしいと思うかもしれません。やっても自分ではいいかどうかわからないから意味がない、やらなきゃと思っていたけど忘れていたなど、あれこれ理由をつけて、サボってしまう人も多い。けれど、本番さながらの声出しは、最低限、恥をかかない程度に話す上では欠かせません。

　時間がないなら時間をつくる、面倒くさいなら面倒くさいと感じない範囲ではじめる、家でやるのが恥ずかしければ、カラオケ

ボックスでやるなど、とにかく、やる前提で障害を外していく。

　こうした意識と行動が、経験不足でも恥をかかない程度のレベルに押し上げます。原稿ができたら、必ず本番と同じように声を出してください。

話し言葉で書き出してから修正する

先ほど私は、人生のあちこちでつまずいてきたと言いましたが、今振り返ると、そのたびに大きな陰を落としてきたんですね。(ことに気づきます)
中でもこれからお話しする５つの陰(です。)今の自分にとても大きな影響を(は)与えています。
まず１つめ(は)、小学校時代、中学受験に失敗しました。
私(は)、小学生の時、めちゃくちゃ(非常に)頭がよかったんですよ。通信簿(を)当時、５段階評価で体育と国語以外、オール５でした。偏差値でいったら、ボク70越えていたんです。
私、頭よかったんです。あの、もう嫌味に聞こえないですよね？(ますよね)小学校時代の話ですから。私、頭よかったんです。よく、大きくなったら何になりたい？　って書かされるじゃないですか。(と)あれ、いつも弁護士って、書いていました。しかも枠からはみ出すくらいの大きな字で。(が)
(ですよね)小僧たらしい小学生でしょ(笑)。でも、しょうがないです。私、頭よかったから。普通にそう書いていました。でも、どうして、そんな小学生だっ(ので、)たかというと、四谷大塚進学教室に通っていたからなんです。知ってますか？　四谷大塚進学教室。(では　ご存じでしょうか？)

> **POINT**
>
> **「失敗したらどうしよう」といった「結果に対する不安・緊張」を解くには、原稿をとことん準備する。**

あがらずに話すための準備　　　　CHECK! ☐

しゃべりにハンドルの遊びを持たせる

　一字一句、TPOに合わせた話し言葉で原稿を書き、声にも出して練習しました。ここで、積み上げてきたものをいったん壊します。書いた原稿を暗記すればするほど、ほんの小さなきっかけで思い出せなくなるリスクも抱えてしまいます。

　たとえば、話している時に誰かが遅れて入ってきて、目の前を通り過ぎただけで、「あれれ!?　言葉が１つも出てこない……どうしよう……さっきまで覚えていたのに……え～と、何だったっけかな？」とパニックに陥るようなことが起きてしまうのです。

　こうしたアクシデントを防ぐには、==一字一句声に出して覚えた後に、今度は覚えた言葉を一字一句正確に言おうとしない、相反する準備が必要==なのです。

　矛盾していると思うかもしれません。でも、これが本当に大切なのです。お芝居でも音楽でも何かエンターテインメントの世界を経験した方なら、「必死」と「余裕」の二律背反する要素が両立したときに、はじめて優れた娯楽が誕生することを肌で感じてきているのではないでしょうか。

　講演やスピーチ、プレゼンテーションもまったく一緒で、しゃ

べり手が必死になってくれなければ、聞いていてつまらない。同時に、余裕のないしゃべりは聞いていて疲れる。不安にもなります。だからこそ、今まで積み上げてきたものをいったん壊して、しゃべりに、いわばハンドルの遊びのような幅を持たせるのです。

　次のようなプレゼン原稿を書いたとします。

「アルマテックネットの麻生けんたろうです。今日は、お忙しい中お集まりいただき、心からお礼申し上げます。
　これから、一体、どんな改善策が出てくるのか、正直、期待と不安で揺れ動いているかと思いますが、ご安心ください。30分後、終わった頃にはきっと、『よしこれでいこう！』と確信を持っていただけるに違いありません」

　これをまるごと暗記しようとすると、本番で「今日は、お忙しい中、お集まりいただき……」に続く言葉が出てこなかった時、「心から……」というフレーズを思い出そうと意識がロックされ、目の前の相手を忘れてしまいます。伝えるためのプレゼンが本末転倒になるのです。
　意図を考えれば、「心から……」というフレーズにこだわる必要はなく、「本当にありがとうございます」でも、「感謝いたします」でも問題はないでしょう。
　細かなニュアンスを伝えたいという姿勢は大切ですが、同時に、忘れてしまうリスクを考慮して言葉に幅を持たせてください。
　しゃべりにもハンドルの遊びを持たせるのです。
　書いた原稿から、話す上で必要なキーワードのみを拾ってください。この言葉を目にすれば、数珠つなぎのように伝えたいこと

が出てくる、文字通り、鍵となる言葉です。赤マルで囲っていくといいでしょう。

　そのキーワードを進行順に記したレジュメを使って、本番と同じように話してみましょう。

　たとえば、オープニングで話すキーワードに「感謝の気持ち」「改善策の概要３つ」と書いたのなら、そこから自然に溢れ出てくる言葉を相手に届けるのです。

　連想力も使いながら、遊びの範囲内で話を肉づけしていきます。多少、つっかえようが、そのほうが気持ちとともに内容が伝わります。結果として、一字一句覚えていた言葉が出てくることもあるでしょう。

　仮に、溢れ出てこないとしたら、それはキーワード選びに失敗しています。一字一句書いた原稿から拾い直してください。

　これまでの準備をいったん壊し、しゃべりにハンドルの遊びを持たせるのです。

POINT

原稿を暗記して正確に言おうとするほど、意識がロックされてしまい、気持ちも内容も伝わらなくなる。

力を120％発揮するための準備　　　　　　　　CHECK! □

ビギナーこそ
備品・小道具にこだわる

　レジュメのキーワードを見ただけで数珠つなぎに伝えたい言葉が溢れ出るようになれば、ここから先は自分の力を120％発揮するための準備です。

　会場の広さや雰囲気、参加者の人数、属性、話す目的はすでに原稿づくりの段階で把握しているはずですが、具体的にどんなスタイルで話すことになるのかは、まだ確認できていないかもしれません。

　素声で話すのか？　スタンドマイクで話すのか？　手持ちマイクで話すのか？　あるいはワイヤレスマイク1本で話すのか？

　さらに、聞き手の配置は学校形式なのか？　コの字型なのか？　机を取っ払った椅子だけのハンカチ落とし型なのか？　学校形式なら何人掛けなのか？　などを明確にしておくのです。

　オファーをいただいた講演であれば、ある程度こちらの希望スタイルに応えてくれるでしょう。初級者は視線のプレッシャーを受けにくいコの字型がおすすめです。

　私の場合は、学校形式であろうと、コの字型であろうと、ホワイトボードと2人掛けの机、椅子、ワイヤレスマイクの4つを必ず用意してもらいますが、何もリクエストをしないでいると、会

場設営側の「これでいいだろう」になります。経験豊富な中級者以上であれば臨機応変に動けますが、恥をかかない程度をめざしている初級者では、練習の成果を発揮できない要因になりかねません。マイクがあれば声の大小を気にする必要がなくなり、それだけで実力を発揮しやすくなります。

　本番であわてないためにも、どんなスタイルで話すのかを細部まで決めておきましょう。

演台の力を利用する

　使う機材や道具、演じ方次第で、緊張もかなり抑えられます。聞き手にちょっとでもドキドキしている印象を与えたくない……そんなハッタリも叶えられます。

　演台のあるなしが一番わかりやすいでしょう。演台があれば、レジュメや原稿を置いて、常に進行を確認できるようになります。また、万一、足がガクガクしても、胸より下はすべて視覚的にカバーできます。多少、表情がこわばろうと、演台が権威の象徴となって緊張している印象を与えません。むしろ堂々と映ります。背後から光まで当てるとやりすぎですが、スタンドマイクやハンドマイク1本で話すのとでは、見え方も心の余裕も変わってくるのです。

　初級者に絶対に演台を用意してもらいましょう。メンタルチューニングと合わせれば、より実力を発揮できる状態で話せます。

聞き手の視線をそらせる映写資料

　フリーアナウンサーの古舘伊知郎さんのように、マイク1本、

口1つで人前に立つ人もいれば、パワーポイントを使いこなすビジネスマンのように、映写資料を見せながら進行する人もいるでしょう。

　どちらがいいかは伝える目的と話し手のキャラにもよりますが、ドキドキしている印象を少しでも与えたくないのであれば、映写資料を台本代わりにする手があります。

　ただし、文字がギッシリ書かれた画面だと、聞き手は目で追うだけで疲れます。なるべく大きく、短い言葉で表現してください。それではキーワードを記したレジュメと何ら変わらないと思うかもしれませんが、**聴衆の視線の向きが違う**のです。マイク1本、口1つでは、全視線をあなたが一身に浴びます。一方、映写資料を使うと、そのほとんどが画面に向かいます。

　演台もあれば、その間に一字一句書いた原稿を見ながら話すこともできるのです。

　もちろん、本書でめざす最終地点はこのようなスタイルではありません。

　映写資料を使おうが、視線と意識を聞き手に向けて、溢れ出てくる言葉で臨んで欲しい。でも、スタートラインに立ったばかりの初級者は、そこをめざす過程で自分を慣らすために、こうした方法を何度かやってみるのも手です。

> **POINT**
> **本番であわてないために、初級者は備品や小道具の力を借りよう。**

力を120%発揮するための準備　　　　　CHECK! □

初級者は
ゆっくり話すことだけを意識

　道具や機材の活用だけでなく、演じ方を1つ変えるだけで、実力を120%引き出すことができます。
　中でも真っ先に実践して欲しいのが、**ゆっくり話す**こと。初級者は、たったこれだけ意識するだけでも本番で差が出ます。

💬 小泉進次郎はなぜゆっくり話すのか？

　小泉進次郎さんといえば、選挙のたびに全国からたくさんの応援演説を頼まれる政治家ですが、最初からそうだったわけではありません。
　世襲反対と言われ、ペットボトルを投げつけられ、握手しようとすれば、ツバをはかれる。演説会をやっても人がきてくれない。二世議員に対する風当たりが強くて、誰にも振り向いてもらえなかった。
　それがはじめての選挙です。自分の想いを伝えるのがいかに大変かを思い知った。だから、どうすれば聞いてもらえるのか、聴衆に伝わるのかを死に物狂いで考えざるを得なかった。つまり、これだけ言葉にこだわるのは趣味じゃない。生き抜くために必要だったそうです。
　そんな小泉進次郎さんが追い込まれて見つけた1つの答えが

「ゆっくり」話すことだと言うのです。

　自分で演説を聞いてみたら、思っている以上に早口だったことに気がついた。これじゃ、わからない。立ち止まってもらえない。話なんて聞いてもらえない。どうすれば短い間に的確に言葉を伝えられるかを真に考えたら、「ゆっくり」話すことにたどり着いたそうです。

　そんなのノウハウでも何でもない。当たり前じゃないかと思ったかもしれません。でも、このエピソードを小泉氏の講演で聞いた時、私はとても当たり前の話には思えませんでした。
聞き手が理解できるようにゆっくり話せている人は驚くほど少ないと、私自身、個別指導をしていて感じるからです。
「今、何て言いました？」「それってどういうことですか？」と聞き直す場面が本当に多いのです。

　能動的に聞いている人ならまだしも、受動的に聞いている人なら、これだけでいやになってしまう。寝る、消しゴムをいじる、こっそり雑誌を読みはじめる——授業中の思い出話でもなんでもなく、大人相手の講演でもそうです。

　「ゆっくり」話すことがどれだけ大事なことかをリアルに感じる機会をぜひ持ってください。実践して欲しいポイントというよりも、実質的な効果を伴うノウハウなのです。

> **POINT**
> 人前で話す時は、普段よりもゆっくり話す。
> たったこれだけで、あなたの実力を引き出せる。

力を120%発揮するための準備　　　　　　　　CHECK! □

プリショーで
最高の本番を迎える

　120％の準備を進める上でどうしても外せないのが「プリショー」です。
　簡単に言うと、本番で得たい現象を実現するために巧妙に仕込んでおく直前準備のことで、ショービジネスの世界でよく使われている手法です。

　たとえば、結婚式の司会者の拍手の演出です。大抵は「お２人がメインテーブルにつきました。皆さま、大きな拍手をお送りください」とか、「あたたかい拍手をお願いします」などと、あれこれ促すコメントを入れます。
　これが、プリショーをした後に式をはじめると、司会者が「せーの！」と言うだけで、「やったね！　おめでとう‼」と会場内にお祝いの言葉が響き渡るのです。
　仕掛けは簡単です。
　式がはじまる直前に「これから新郎新婦お２人をお迎えしますが、私がせーの！　と言ったら『やったね！　おめでとう‼』と言ってください。いいですか？　１回練習しましょう！　せーの！……」とプリショーするのみ。わずか１分で終わります。

　ラジオの公開放送でも必ずやります。私がMC（司会）をして

いた時はオンエアー前に必ず観客と拍手の練習をしていました。
　これは会場のエア音とのバランスを放送用に調整するためでもあるのですが、MCの立場としては、進行をやりやすくするための準備でもあるのです。
　ゲスト歌手が登場したときにテンポよく大きな拍手をもらえれば、気分ものって、きっと私とのからみトークでもいろいろしゃべってくれるに違いない。
　だから、いつも直前に
「皆さん、いいですか！　今この瞬間だけ私を北島三郎と思ってください！」
「今だけでいいです。どうか福山雅治と思ってください。ハイ、登場しました！」
　などと盛り上げながら、オンエアーを迎えるのです。

　こうしたプリショーの有無が進行に影響を与えるのは、講演やプレゼンでも一緒です。プリショーを入れてはじめれば本番が非常に楽になる。
　もちろん、初級者に凝ったプリショーをすすめているわけではありません。単純に拍手をお願いするだけでも十分です。
　聞き手の中に知っている人がいたら、はじまる前に「登場したら真っ先に拍手をしてくれる？」と頼んでみる。
　知り合いが誰もいない状況なら、同じくはじまる前に、話しやすそうな人を見つけて世間話をしておくだけでいい。初対面だろうと、「はじめまして、今日お話しさせていただく麻生です。いや〜道に迷っちゃいました。田舎から出てくるとダメですね。地元の方ですか？」と声をかけるのです。

笑い声を頼んでおくのも賢いやり方です。
　テレビのお笑い番組では必ずと言っていいほど、編集で笑い声をかぶせています。しかも絶妙なタイミングで、です。本当におもしろくて笑っているのか、つられているだけなのか、そんなことを意識する間もなく笑っているでしょう。聴衆の誰かに頼んでおけば、いつでもその人を基点に笑いの渦を起こすことができます。

　他にも質問タイムを設けている場合は、誰も手をあげてくれない時のために呼び水となる人を仕込んでおけば安心です。

　このようにプリショーを入れておくと本番の進行がスムーズになります。しかも、かかる手間はわずか数分。やらない理由が見当たりません。簡単すぎて、もしかしたらプリショーの価値が伝わっていないかもしれない。だとしたら、不本意です。
　友人のマジシャンはプリショーを極め、本番では信じられない奇跡を演じています。ここでそのトリックをご紹介できないのは残念ですが、探求すればするほど奥深さに気づけるのは間違いありません。実力を出し切れる優れた手法です。

> **POINT**
>
> 「拍手」や「質問タイムでの挙手」を事前に頼んでおくと、本番の進行がスムーズになる。

力を120％発揮するための準備　　CHECK! ☐

前の晩につながっておく

いよいよ、最後の準備です。

これも私が講演する際には必ず行なっているものですが、「プリショーはわかるけど、これはやらなくてもいいんじゃない？」と感じる人のほうが多いかもしれません。おそらく、それが一般的なのでしょう。でも、私にとっては大事な儀式とも言えます。

前の晩に参加者名簿を見ながら名前を呼びかけるのです。
「野村さん、ありがとうございます……大野さん、ありがとうございます……高田さん、ありがとうございます……」

伝わる力を導き出す魔法の公式で述べた、3つの伝達経路のうちの1つ、**集合的無意識にアプローチする方法**です。

集合的無意識は時間も空間も関係ないので、前日に感謝の気持ちを伝えてつながっておけば、のっけから好意的に迎えてくれるからです。

オカルトの世界だと言われればそれまでかもしれません。でも、何かを祈った時に自分の内側にも外の世界にもちょっとずつ変化が現われるのと一緒だと言えば、少しは信じてもらえるのではないでしょうか。

あるいは、「集合的無意識でも何でもなく、名前を呼びかけることで親しみが生まれ、その気持ちのままに接することができるから、聴衆も好意的に迎えてくれるのだ」と、別の理由で捉えてくださってもかまいません。いずれにせよ、私は現実に効果を感じているので毎回続けています。

💬 できる範囲で参加者と事前につながろうとすることが重要

　自分が主催者側なら、名簿があるのですぐにできるでしょう。1回は試してみてください。仮に効果を感じなくても損することは何もありません。

　主催が別組織だと、今の時代は個人情報保護の観点から、参加者名を教えてくれないケースもあります。参加自由の当日受付であれば、事前にわかりようもない。それでも、「カタカナの振り仮名だけでも教えてください」と交渉したり、名前がわからなくても、明日はこんな人が参加するかもと想いを馳せたり、できる範囲で集合的無意識につながろうとするのです。

　持ち上がらないと諦めかけた時に、あと1回ダンベルを握りしめてみる。私にとって、そんなイメージの準備でしょうか。わずかな可能性でも心魂を込めた時に奇跡は起きるものです。

　準備を面倒くさがってはいけません。準備で得られる力は、あなたが思っている以上に強力です。どれか1つを意識するだけでも、1ポイントは上がるでしょう。

　伝わる力を伸ばす3×7の公式にあてはめて、今すぐ実感していただければ幸いです。

そうそう、肝心なことを1つ忘れていました。一字一句書き上げた原稿は捨てずに「お守り」として持っていってください。カバンの中に入れたままでもいい。レジュメの下に、演台の隅っこに置いてもいい。

伝わる力がさらにアップすることを保証します。

> **POINT**
> 本番前日の晩に、参加者の名前を呼びかけよう。親しみが生まれ、相手が好意的に迎えてくれる。

2章

急がば回れ！まずは聞いてもらえる下地をつくる

おもしろそうと思われる

「つかみ」編

2章の概要

魔法の公式で基本をマスターし、実践を積み重ねていくと、もっと聞き手に伝わるような話がしたい、笑いも起きて、おもしろいと思ってもらいたいという欲が出てきます。
１ランクアップだけでは物足りなくなってくる。そうなった時に、真っ先に意識して欲しいのが、"そもそも"の部分です。私の話を、そもそも聞いてもいいかなと思われているかどうか？　これが人前で話す上でもっとも大切な極意だと言い切ってもいい。
聞く体勢になっていれば、多少、滑舌が悪かろうが、わかりにくい表現を使おうが、伝わるからです。後に述べるテクニックはその効率を高めるだけに過ぎません。
ここからは中級編です。もっと聞き手に伝わるような話がしたいと思ったら、そもそも聞いてもいいかなと思われているかどうかを疑ってください。人前で話すときは、最初が肝心なのです。聞き手を振り向かせる効果的なノウハウをご紹介しましょう。

第一印象をコントロールする　　　CHECK! ☐

立ち位置メッセージで制す

　聞き手はまず、第一印象であなたを評価します。聞いてもらうための最初の関門が第一印象なのです。

　あなたの外見、話し方、何となく感じる雰囲気などを3つの伝達経路で受け取り、聞き手は瞬時に判断します。

　ここで評価がよければ「聞いてあげよう」となり、反対に悪ければ「聞かされるのはいやだ」となってしまう。単純明快です。だから、少しでも好印象を得られるようなアプローチをしなければならない。その1つが立ち位置メッセージです。

　たとえば、講演して欲しいと頼まれたケースなら、「今日はお招きいただき、またこんなにもたくさんの方にご参加いただきありがとうございます」

　自主開催なら、「ようこそいらっしゃいました。お忙しい中、ありがとうございます」

　という立ち位置ではじめるのです。**決して、「来てあげたよ」という印象は与えない。聞いてもらえるようにするには、聞き手があなたの立ち位置を好意的に受け入れる必要があるからです。**

　文字にすると当たり前のように感じるかもしれません。でも、いざ本番になるとカッコつけてしまうせいなのか、はたまた舞い

上がってしまうせいなのか、「はじめまして、今日1日、講師を務めます麻生けんたろうです。北海道から来ました。こっちは暑いですね」という第一声になりやすいのです。

　もちろん、どこをとっても不適切な表現は見当たりません。笑顔で話せば、好意的に受け取ってくれる人だっているでしょう。でも、その一方で「何となくこの人好きじゃない」と感じる人もいるのです。

　微細なレベルですが、その違和感のせいで、どんなに熱弁をふるっても、無意識に反発されてしまうのです。話術は聞いてもらえる下地があってこそ活きてくる。

　細かな点ですが、<u>「来てあげたよ」ではなく、「ようこそ！」や「お招きいただきありがとうございます！」という歓迎、感謝の立ち位置を第一声にこめてください。</u>

> **POINT**
> 「来てあげたよ」という立ち位置だと、聴衆に無意識に反発され、聞いてもらえない。

第一印象をコントロールする　　　　　　　　　　CHECK! ☐

権威を感じさせる

　立ち位置メッセージと合わせて仕掛けたいのが権威を感じさせる演出です。

　簡単に言えば、この人はスゴい、偉い、賢い、専門家だ、成功者だ、社会が認めている人だ、と聞き手に思わせるのです。

　これだけ聞くと相手を騙すように感じるかもしれませんが、もちろん、そんなことはしません。嘘をつくのではなく、正しく伝えるために権威の力を利用するのです。

💬 なぜ、私たちは知らない人の話を受け入れてしまうのか

　たとえば、テレビで軍事評論家が北朝鮮の情勢について語っているのを観ると、「ああ、そうなのか」「そうなのね」と素直に受け入れている自分がいるのではないでしょうか。

　これは、よくよく考えるとおかしなことです。

　そもそも、その評論家に会ったこともなければ、人となりを知っているわけでもないのに、目にした耳にした情報をそのまま信じている。何の違和感も抱かず、当たり前のように自分の中で処理している過程は、まるで1つの自動プログラムが実行されているようです。これは"軍事の専門家"という権威の力です。

こうした権威あるものを無条件に受け入れてしまう現象を、**「権威催眠」**と呼んでいます。有名人が宣伝しているだけで対象物を購入してしまうのも同じ現象で、よくも悪くも多くの人がかかりやすい。

　この力を、聞いてもらえる下地づくりのために正しく使おうというのが私の考えです。実績もないのに権威催眠で専門家だと騙すわけではありません。あなたのことを正しく伝えるために権威の力を利用するのです。

　とはいえ、ストレートに示せば、上から目線のいけ好かない印象を与えかねません。せっかく立ち位置メッセージで好印象を得ても逆効果になります。

「実績も実力もあるのに謙虚だなぁ」と印象づけるには、あくまでもさりげなく、気づくか気づかない程度に暗示するのがコツです。

🗨 服装やバッグなどの持ち物で示す

　まず、第一印象に大きな影響を与える服装や持ち物で暗示を入れましょう。一番簡単です。あなたの社会的地位、役職、職業、業界にふさわしい、もしくはそれらを象徴する服装と持ち物で登場してください。

　あなたが部長職で100人の前で話すとしたら、上下2万円のコーディネートは避けたい場面です。かといって、全部ブランド物だと直接的すぎるでしょう。そこで、足下とネクタイだけは質感のいい物にする、バッグだけは本革のイタリア製にするなど、1、2点あわせる塩梅にするのです。

ビジネスマンなら、名刺入れをセンスのよさが一発でわかる段違いの物にするのもおすすめです。プレゼン前の名刺交換で「この人は敏腕だ」という暗示がすっと入ります。

　以前、初対面の相手がバッグから何気なくスマイソンの手帳を取り出し、さっと書き込んだことがありました。
　スマイソンは100年以上の歴史を誇る英国王室御用達のステーショナリーブランドで、品質のよさはもちろん、紙に透かしが入っている素敵な手帳です。
　その手帳を手にする姿に、安心、信頼、実績だけでなく、頼もしさ、敏腕さ、この人と関わることで起きる未来へのワクワク感まで感じたのです。
　相手が経験豊富なことは知っていました。なのに、決しておごらず、たかぶらず、気さくで話しやすい。自分と同じでよかった……なんて思ったところに、スマイソンの手帳が出てきた。
「30日頃ですね。楽しみにしています」。言葉はこれだけでも、今思えば、その人の職業にふさわしい手帳というアイテムによって、無意識に権威を感じたのがわかります。相手は編集者でした。一緒に仕事をしたいと強く思ったのです。

　これをそっくり真似しましょうと言いたいのではありません。万年筆やノートでも演出できるかもしれませんし、話す内容、場によっては、より暗示の入りやすいアイテムだってあるでしょう。
　評論家がテレビで語る時は決まって背景が本棚です。何十冊、いや何百冊と並んでいます。
　人前で話す時は、相手の無意識にあなたの実力が正しく届く服装や持ち物を身につけて、さりげなく権威を感じさせてください。

雑談のフリをして忍ばせる

　この人は専門家だ、仕事ができる人だと、何となく感じさせる方法は他にもあります。

「いや〜、こちらは雪が少ないですね。同じ北海道でもぜんぜん違う！　先週はゆうちょ銀行さんの研修で３日間札幌だったのですが、あの大雪でしょう？　興味本位で本場の雪かきを体験させてもらいましたが、大変でした。でも、そのおかげで参加者と楽しくできたんですけどね。案の定、今頃筋肉痛です。やっぱり普段から体を動かしていないとダメですね〜」

　このように冒頭で雑談のフリをして、権威を示す表現を１つ、２つちりばめると、聞き手は無意識のうちに「ゆうちょ銀行の研修講師を務めるくらい実績のある人」「いつも忙しくしている人気の講師」「楽しい講義をしてくれる人」「親しみやすい人」という印象を抱きます。
「先週はゆうちょ銀行さんで研修をさせていただきました」と直接的な表現は使わず、あくまでも「本場の雪かきを体験して筋肉痛になった」という雑談の中にサラっと入れるのがコツです。
　外見の演出と合わせて仕掛ければ、より聞いてもらえる体勢になっていきます。

POINT
「この人の話を聞こう」と思ってもらえる情報を、さりげなく暗示的に示そう。

第一印象をコントロールする　　　　　　　　　CHECK! □

聞き手の関心、業界・属性に合わせる

🗨 何を期待されているか？

「立ち位置メッセージ」と「権威催眠」で第一印象を制しても、話す内容が聞き手の期待とズレていたら、次第に関心が薄れていきます。聞いてもらえる体勢を崩さないためには、**聞き手の期待に応えていなければなりません**。

目の前におにぎりを差し出されても、お腹がいっぱいの時とすいている時では食いつきが違うのと一緒で、聞き手が今何を欲しているのかを知り、その欲しているモノを提供する姿勢が大切なのです。この当たり前の大前提は、前章で取り組んできた準備とあなたの適応力なしには成り立ちません。

節税対策セミナーを開催することになった。内容は節税効果の高い保険の紹介に決めた。当日、その話をして反応がよければいいです。でも、まるっきり手応えを感じられない場合だってあり得る。保険に興味のある人はわずかで、多くは積極的な投資ノウハウを知りたいと思っていたかもしれません。

そのことに気づかずに保険の話を続ければ、聞いてもらえる土台が崩れてしまうのです。

参加者の希望を事前にリサーチして、正確なニーズとウォンツを把握していればこうしたミスマッチは防げるでしょう。さらに、たとえそうなったとしても、ズレを感じ取り、聞き手が知りたいモノを伝えられる適応力があれば、カバーもできます。

適応力を養うには、**関連した話題を他にも用意しておく準備**と、**聞き手の変化を読み取る観察力**が欠かせません。

腕を組む、居眠りをする、下を向く、スマホをいじり出すなど、誰が見ても興味を失っているサインを見逃していないか、意識しましょう。案外、自分がしゃべることばかりに夢中になって、聞き手に気持ちが伸びていないものです。

勇気のいることですが、「ひょっとしたら、聴衆の関心からズレているのかも？」と、今話していることに疑いを持ってみましょう。卓越した観察能力などなくても、聞き手にしっかり意識を向けてみる。おにぎりは食べたくなくても、スイーツなら口にするかもしれません。出さずに終わるかもしれなくても、スイーツまで準備して臨めば、聞いてもらえるようになります。

大変に感じるかもしれませんが、ここまで下地を固めるからこそ、あなたの話が伝わるのです。

💬 できる限り
聞き手の業界・属性に言語を合わせる

さらに、「影響言語」を意識して話せればスムーズに伝わります。影響言語とは相手にマッチしている言葉です。

たとえば、聞き手の年代によっては、「『モーニング娘。』のよ

うな女の子のグループが来ていたんです」よりも「『AKB48』のような女の子のグループが来ていたんです」「『TWICE』のような女の子のグループが来ていたんです」のほうがしっくりくる。

　業界、業種によっては、「資料をコピーしておきました」よりも、「資料を焼いておきました」のほうが伝わりやすい。

　どちらにしても意味は伝わるものの、==ちょっとしたニュアンスの違いからコミュニケーションギャップが生まれてしまう==のです。

　以前、居酒屋で「スパゲティはありますか？」と尋ねたら、「パスタはこちらです」と答えられた時がありました。きちんと丁寧に教えてくれているし、決して間違ってはいないけれども、何となくバカにされたようで、違和感を覚えたものです。

　こうしたズレは極力なくしたほうが、聞いてもらいやすくなります。同じ意味であっても、聞き手の属性によりマッチする言葉や、聞き手の業界で普段使われている表現、価値観を表わすキーワードなどをできる限り選ぶようにしてください。

　もっとも簡単な影響言語は、==相手の使った言葉そのもの==になります。講演やプレゼンをする前に打ち合わせをする機会があれば、その時に相手が繰り返し口にした言葉や、特徴的な表現をメモしておくといいでしょう。資料としていただいた会社紹介や商品カタログ、メールのやり取りからも拾うことができます。

POINT

「テーマのズレ」「言語のズレ」を極力なくせば、聞いてもらいやすくなる。

参加者の緊張をほぐす　　　　　　　　　　　　　　CHECK! □

アイスブレイクを入れてみる

　聞き手の不安や緊張を氷にたとえ、その硬い氷を壊すという意味を持つ「アイスブレイク」。この用語自体も具体的な手法も、かなり知られているのではないでしょうか。

　序盤に自己紹介や簡単なゲームなどを入れて参加者の緊張をほぐしていくのがアイスブレイクの王道で、初対面同士が話せるようにしたり、硬い場を和ませたり、発言を促し、アイデアを出しやすくするために、教育、研修、ビジネス、市民活動のあらゆる場面で取り入れられています。

　私が企画運営に携わっていた婚活パーティーでも、「今回はどんなゲームにする？」ではなく、「どんなアイスブレイクを入れる？」なんて言葉が普通に飛び交っていました。

　ここでは、セミナーや講演、プレゼンなど、ビジネスの場面で使えるアイスブレイクを3つご紹介しましょう。

🗨 他己紹介

　よくあるのは自己紹介ですが、他己紹介でアイスブレイクするのもおすすめです。

　席の前後左右の人とペアになってもらい、10分前後の会話で

互いに趣味・嗜好や魅力を探ってもらいます。講師が、「『最近はまっているもの』『私こう見えても○○なんです』『好きな味噌汁の具』の３つは必ず聞いてください」というように、ある程度の枠をつくってあげてからスタートするとスムーズに進みます。

「SNS活用セミナー」と題して話すなら、「今までで一番『いいね！』をもらった投稿」という質問を１つ混ぜてみるのもいいでしょう。適時アレンジしてください。

最後に講師が選んだ２、３人に発表してもらうと場が盛り上がります。

共通点探しゲーム

質問や会話をしながら制限時間内に互いの共通点を探していくゲームです。もっとも定番のアイスブレイクかもしれません。

好きなものや嫌いなものが同じだと、それだけで親近感が持てて、隣同士はもちろん、会場全体が一気に和みます。時間は３分前後がちょうどいいでしょう。終わったら、一番多く共通点を見つけられたペアに「まず、１つ目から教えてください！」などと講師がインタビューするのもおすすめです。

リアクションゲーム

１ヶ所だけ空欄にした寸劇のシナリオをもとに、互いに演じてもらうゲームです。

例1
A 「今日、テストが返ってきたでしょ？　見せて！」

B 「はい、これ」
A 「どれどれ……ん? 何なんだ! この点数は!」
B 「　　　　　　　　　　　」

　この場合、B役が空欄のセリフを考えて即興で演じます。「お父さんの子どもだからね!」「ボクもびっくりだよ!」など、思わず笑ってしまうようなリアクションが出てきてアイスブレイクになります。寸劇のシナリオは演じやすいように、誰もが経験しているシチュエーション、もしくは知っているものから選んでください。

例2

のび太役　「ドラえもん、今のおじさん誰?」
ドラえもん役　「　　　　　　　　　　」

　国民的マンガを使ったシナリオです。以前、「すっぴんのしずかちゃんだよ」と答えた人がいて大爆笑になりました。

例3

「先生、EXCELとEXILEの違いを教えてください」
「　　　　　　　　　　　　　」

　ビジネスセミナー用のシナリオです。これまで外したことがありません。仕事でエクセルを使っている人は多いので、このシナリオを発表しただけで笑いが起きます。「英語とイタリア語の違いだよ」「EXCELは表計算、EXILEはライジングサン」など、いろいろ、名作(?)が出てくるでしょう。

笑いが起きれば、アイスがブレイクした状態になったということですから、大成功です。
　リアクションゲームをする時は、次のような前フリを入れてからはじめると、聞いてもらえる体勢がよりつくりやすくなります。

「テーマについてこれからお話やワークをさせていただきますが、セミナー中は積極的にリアクションしていただきたいので、最初に準備運動をしましょう」

　ご紹介したアイスブレイクは、どれも私が実際の現場で効果を確認していますので、まだの方はぜひ試してみてください。

> **POINT**
> 「聞いてもらえる下地づくり」は「水泳の前のストレッチ」。
> アイスブレイクを効果的に取り入れて、聞く体勢をつくろう。

聴衆の関心を惹きつける　CHECK! □

鉄板つかみ12パターン 前編

　聴衆に聞いてもらうためには、のっけから「この人の話はおもしろそう」と感じさせる演出も大切です。

　エンターテインメントの世界ではそうした演出を「つかみ」と呼んで、「あの人はつかみがうまい！」と評することがあります。お笑い芸人が舞台に登場した時、観客を惹きつけるために最初に放つギャグがそれにあたります。

　もちろん、芸人さんと同じようにあなたもギャグを言いなさいとすすめているわけではありません。

　お客さんの心を握る、気持ちを惹きつけるというつかみの目的からすれば、ギャグやジョークに限らず、他にも手法があるのです。その具体例をご紹介しましょう。

　私が16年以上に及ぶラジオDJ、司会者、講演者、セミナー講師として実践の中で積み上げてきたさまざまな「つかみ」を12のパターンに分類して真似しやすいようにしました。

　どれも聴衆の関心・興味を高めるための「つかみ」として最高の効果を発揮します。気に入ったもの、使えそうなもの、あるいは、あなたのキャラクターに合うものから試してみてください。

❶ YES セットあるあるつかみ

　聞き手の全員が「YES」とうなずいてしまう話から入る方法です。首を横に振る人が1人もいないので、**最初から場全体が肯定的な気分に包まれます**。

例1

「今日はこの講座を自分から学びたいと思って申し込まれた方もいれば、正直、上司にすすめられて来ていますという方もいらっしゃるかもしれません」

例2

「皆さん、この会場に来るまで、ちょっと迷いませんでしたか？　看板、小さかったですよね。私、すぐに見つけられなくて、少しウロウロしてしまいました。でも、見つけた時の喜びと、中に入ってびっくり！　まさに隠れ家的なオシャレな会場で、私たちにぴったりですよね！　すっかり気に入ってしまいました」

例3

「今日は、皆さん、お越しいただきありがとうございます！　その笑顔、信じますからね！　2時間続けてくださいね！
　子どもの頃、友達とシーソーに乗って、途中で降りちゃう人がいたでしょう。アレ、急に落下してやられたほうはお尻がめちゃくちゃ痛いんですから。いやですよ〜、そういう裏切りは！　お昼12時まで、そのままおつき合いいただければうれしいです」

YESセットあるあるつかみは、聞き手の誰が聞いても「そうだ！」となるように幅を持たせること、皆が経験しているエピソードを挟むのがコツです。 例1 に似たものには「北は北海道から南は九州までお越しいただき……」がありますし、 例2 のように会場に来たゲストなら誰もが感じたであろう話題を入れてみるのもよし。あるいは、 例3 のように子どもの頃のあるある話を挟んで YES を取りにいくのも効果的です。

❷ 近況報告つかみ

　つかみと言うと何かおもしろい話をしなければと悩む人が多いのですが、必ずしもそうではありません。講演やセミナーでつかみを入れるのは、参加者を惹きつけ、聞いてもらえるようにするのが目的です。であれば、おもしろい話がすべてではないのです。もちろん、できる人はしたほうがいい。おもしろい話をすれば興味を持ってもらえるでしょう。でも、苦手な方や思いつかない方は無理にやろうとせず、次のような近況報告をするだけでも十分つかめます。

例1

「最近、婚活アドバイスの仕事もはじめたのですが、相談者の6割以上がなんと、50歳以上の男性なんです。その相談内容は……」

例2

「ここ旭川でも先週くらいからインフルエンザがはやり出しましたが、私、昨日、最新の予防法をクライアント先のお医者さんから教えてもらいました」

こんな感じで、自分の近況を冒頭部分で話してみましょう。最近、マラソンをはじめたとか、はじめてダイエットに成功したとか、何でもいいのです。とにかく、自分の近況を話すだけ。そこからどうやって本題につなげるかは後ほどレクチャーしますので、今は心配なさらないでください。

❸ ご当地話つかみ

　つかみの鉄板とも言えるのが、ご当地話から入る方法です。地方演説、地方講演の多い政治家の方は持ちネタにしているほどで、あの小泉進次郎氏も得意とされています。エンターテインメントの世界でも、地方営業で来たタレントさんが開口一番、「なまら、さむい〜」と方言で呼びかけるなど、ご当地ネタを入れれば、ほぼ100％つかめることがわかっています。聴衆の心情を考えれば納得できるでしょう。アウェーで話す機会があれば、覚えておいて損はありません。

例1
「実は私、大阪市民としてこの街に住んだことがちょっとだけあるんです。サラリーマン時代に転勤を命じられて江坂に住んだことがありまして……」

例2
「昨日の夜、さっそく旭川ラーメンをいただきました！　蜂屋に行ったんですけど、あの味はクセになりますね！　皆さんも週1くらいは行かれるんですか？」

例3

「土浦はレンコンが有名だけど、この会場は穴が1つもありません!」(会場いっぱいに埋め尽くされた聴衆に向けて、小泉進次郎氏が演説した冒頭部分)

堀江貴文さんが北海道旭川に来て講演された時も、旭川ラーメンの話題から入っていました。ご当地ネタに限らず、食べ物の話題は反応がいいので、迷ったら、会場周辺地域の名産品を事前に味見して感想を投げかけてください。それだけで、大きなつかみになります。

❹ 参加者いじりつかみ

芸人さんがよくやるつかみですが、講演やセミナーでも、あなたのキャラクター次第では効果を発揮します。

例1

「はじめてなので、じゃあ自己紹介からいたしますね。では、そちらから!(自分がすると思わせて、前列一番右に座っている人を指名)」

例2

「今日は老若男女、幅広い世代の方にお越しいただいたようで、本当にありがとうございます。せっかくですから、ちょっと聞いてみようかな? 20代の方? 30代の方? あ〜、けっこういらっしゃいますね。次、50代の方? うれしいなぁ〜。いらっしゃる! じゃあ、40肩の方? あがるわけないですよね〜」

参加者いじりができると会場全体が一気にあったまるので、私は好んで入れています。ビジネスの場では使えないんじゃないかという意見もありますが、私の経験上ではそんなことはありません。これまで何度も講演やセミナーでやってきました。場を選ぶというよりは、話し手のキャラクターによって向き不向きがある感じがしています。
　「これはできそう！」と素直に思えたなら、あなたに合っているでしょう。反対に「いや〜、どうかなぁ」とちょっとでも不安を感じたのなら、他のつかみで聞いてもらえる下地をつくってください。もちろん、すべっても落ち込まないという方はチャレンジあるのみです。案外、うまくいくかもしれませんよ！

❺ どん底ストーリーつかみ

　これも講演ではよく使われるつかみです。よくも悪くも大衆は他人のどん底話に強い関心を持ちます。テレビのワイドショーや週刊誌を見れば、毎回のようにスキャンダルが扱われているでしょう。調子に乗っているからバチが当たるんだとか、自分は平凡だけどあいつよりはマシだとか、落ちた人と比べることでささやかな優越感を持ちたい、日頃のストレスのはけ口にしたいと思う人が現実に多いからです。もちろん、普段はフタをしています。言葉にすると目を背けたくなるダークな部分かもしれません。
　その一方で、このどん底からどうやって這い上がってくるのか、這い上がってきたのかにも同じくらい興味があるのです。失敗から成功へのストーリーを自分も体験してみたいという憧れがある。この２つの欲求を満たせるからこそ、どん底ストーリーは強力なつかみとなります。

例1

「これまで誰にも言ったことがない話なんですが、実は私、2年間、無職だった時があるんです」

例2

「私、今でこそ、こうして人前で話す仕事をしていますが、3年前までは、1億単位の商談を何度もぶち壊していたコミュ障のサラリーマンだったんです」

例3

「ほんの1年前、自宅の4畳半の部屋から1人でスタートしたのですが、今は街中のワンフロアの事務所を借りて、従業員も5名、年商も1億円を突破できそうです。その間にどんなことがあったのか……」

　どん底ストーリーは相手の心をつかみます。池井戸潤原作のドラマ「下町ロケット」や「陸王」がまさにその典型で、私の友人に今も繰り返し見ている人がいるほどです。これまでの人生を振り返って、あなたにもそんな体験があれば、3つの例のようにつかみにするとよいでしょう。ただし、あまりにも赤裸々すぎると逆にひかれてしまいます。話せる範囲で十分です。TPOをわきまえた塩梅を意識してください。さらに注意したいのが、お涙ちょうだい、感動します、いい話です、という方向に傾きすぎていないかも意識して話すようにしましょう。私もそうですが、正直、「またこのパターンか」と感じる人もいるからです。感動を押しつけず、事実を淡々と話すだけにするのがコツです。

💬 ❻ スポーツ新聞つかみ

　ラジオでは電波を通じて不特定多数の人に話しかけるので、必ずオープニングトークに共感を得やすい話題を持ってきます。多くは天気、天候、季節ネタですが、今日はこれといってないなぁというときに候補になるのが、スポーツ新聞で取り上げられているネタ。駅の売店で思わず見出しに目を奪われたことがあるでしょう。一般紙より重くなく、誰にでもわかるやわらかいニュースなので、外す心配がないのです。聞き手が受けとめやすい分、話も広がりやすい。つかみにするにはぴったりです。

例1
「このハゲー！　って聞こえた時、思わず振り向いちゃいました」

例2
「昨日の日本代表戦、深夜に中継されたにもかかわらず、視聴率が20％を超えたそうです。皆さん、寝不足じゃないですか？　大丈夫ですか？」

　明日の朝、あるいは今日の帰りにでも、コンビニ、キオスクで東スポを買ってみてください。きっと、つかみネタで溢れているはずです。

💬 ❼ 名言、法則つかみ

　誰もが知っている著名人の名言や有名な法則などを利用して信

頼・信用を得ることからはじめるつかみです。

例1

「今、皆さんはどんな悩みを抱えているのでしょうか。そして、その悩みをどう解決しようと考えているのでしょうか。あの喜劇俳優のチャールズ・チャップリンはこう言っています。人生はクローズアップで見れば悲劇、ロングショットで見れば喜劇……」

例2

「1ヶ月以内に売上を伸ばすにはどうしたらよいでしょう？ この答えのヒントとなるのがパレートの法則です。ご存じでしょうか？ イタリアの経済学者ヴィルフレド・パレートが、経済において全体の数値の8割は、全体を構成する2割の要素が生み出していると発見したものです」

気づいた方もいらっしゃるかもしれません。このつかみは、権威あるものを無条件に受け入れてしまう権威催眠と一緒です。あなたが話すテーマに関連した名言や法則を探して、それを冒頭に挟めば効果的なつかみにできます。

POINT

「この人の話はおもしろそう」とのっけで感じさせよう。

聴衆の関心を惹きつける　　　　　　　　　　CHECK! □

鉄板つかみ12パターン 後編

💬 ❽ クイズ質問つかみ

　人は1日に2万回以上、頭の中で質問していると言われています。質問を受けると、「答えよう」とするのが人の習性です。つまり、私たちは1日に2万回以上、思考も強制されているのです。この現象を利用したのがクイズ質問つかみです。質問やクイズを投げかけるだけで、聞き手を強制的に振り向かせることができます。

例1

「皆さん、日本で一番面積が大きい都道府県は……北海道。誰でも知っていますよね。じゃぁ、一番小さい面積の都道府県はどこでしょう？」

例2

「私たちが普段使っている言葉の中にも、微妙に意味の違うものがあります。たとえば、ベランダとバルコニーの違いがわかる方、いらっしゃいますか？」

どうでしょう。あなたも、つい考えてしまったのではないでしょうか。このように質問やクイズを使えば、簡単に聞き手を引き込めるので、どうやってつかめばいいのかわからない、なかなかいいのが浮かばないという初級者にはおすすめです。ちなみに、**例1**の答えは香川県、**例2**の答えは、屋根があるのがベランダで、屋根がないのがバルコニーです。

❾ 視覚・体験つかみ

　冒頭からとにかく**聞き手に体験させる。臨場感、一体感を味あわせる**。私自身が一番よく使っているパターンです。

例1

「これから2時間お話しさせていただきますが、その前に、ちょっと実験をしてみましょう。皆さん、左手を前に出してくださーい。そしてグー、チョキ、パー、グー、チョキ、パーと繰り返してください。できましたか？　次は右手です。前に出して、今度はパー、グー、チョキ、パー、グー、チョキと繰り返してくださーい。できましたよね。では最後です。今やった左手と右手のじゃんけんを同時にやってください！　うまくできれば、右手が常に勝ちますよ！」

例2

「まずは、こちらのドタバタ映像をご覧ください！」

例3

「今日はブルゾンちえみではなく、麻生けんたろう with B で来

ました。なので、最初にあのBGMを流してもよろしいですか？　ありがとうございます！　それではミュージック、スタート！
（オースティン・マホーンのDirty Workに合わせて）
　ねぇ、皆さん！　売上！　売上！　え？　商品力なくて無理だって？　ダメセールスマン！　皆さん、じゃあ、自分が社長でも同じことが言えますか？
　……ん？　私は社長じゃない？　売上は自分の器と一緒。商品力がなければ、自分自身を売ればいい。だって……あなたには、どれだけ魅力があると思ってるの？
　……35もない……でも探すの。
　……18時までに♪　……1つでも多く♪

　ありがとうございます。3週間前から練習してこんなもんです。帰らないでくださいね。実は、これ、今日のテーマそのものと言っても過言ではないのです」

例4

「フォークを曲げる方法はいろいろあって、たとえば力で曲げる人もいれば、熱で曲げる人もいるし、あるいは超能力で曲げるという人もいます。でも、私はそのどれでもありません。イメージで、想像力で曲げていきます。だんだん曲がってくるとイメージするだけです。見ててください……こんな感じで……曲がってきてますよね。この想像力の使い方が、ズバリ、今日のテーマです！」

　講演テーマに合った衣装やメイクで登場するもよし。コンサートのオープニングのように音や映像で動きのあるパワポを見せるのもよし。視覚・体験つかみは聞き手をのっけからワクワクさせ

られるので、12パターンのうち、どれが一番おすすめかと言えば、迷わずこれになりますが、**例3**、**例4**のように、話し手のキャラクターや専門スキル次第の演出もあります。今は無理でも、レベルアップとともに、1つ1つ試してみるといいでしょう。はじめのうちは、**例1**のようなアイスブレイクのゲームにしてしまうのがいいかもしれません。パフォーマンスができる人、特技のある人は応用できるので、チャレンジしがいのあるつかみです。

💬 ❿ 煽りつかみ

　私は仕事柄、よく書店を覗きます。コミュニケーション関連の本棚に向かうことが多いのですが、その途中で思わず立ち止まり、気がついたら、当初の目的とはまったく違う本を買っていることがあります。あなたにも経験があるでしょう。
「タバコが体に悪いなんて、まだ信じますか？」
「あなただけが知らない、損する保険と得する保険」
　こんなタイトルが目に飛び込んできたら、つい手が伸びてしまうものです。このように**あなたの常識は古いですよ、無知ですよと衝撃的な言葉でグイっと引き寄せる**のが煽りつかみです。講演やセミナーで使えば効果抜群です。

例1
「最初に言っておきましょう。これからの時代、顧客第一主義の会社は……つぶれます」

例2
「実は中学1年生から新聞を読んでいた子と読んでいない子で

は、大人になった時、平均で年収300万円の差が出るんです」

例3
「今日の内容は絶対にSNSに投稿しないでください。もし、外部に漏れたことがわかったら、相当の違約金をいただきます。私たちの利権を守るためです。過去に残念ながら、1人いらっしゃいました。これからお話しする内容は、それほど価値のあるものだとご理解ください……」

　煽りつかみは、上手に使えば聞き手をわしづかみにできます。しかし劇薬ゆえ、その副作用には注意してください。たとえば、ちょっとした恐怖心を煽る**例3**のような方法もあります。非日常へ一瞬で誘い、ガツンとつかめますが、あまりやりすぎると反対に怒りを買ってしまう。内容に信憑性が欠ければ、聞いてもらえるどころではなくなるでしょう。不安にしろ、恐怖にしろ、聞き手を煽ってつかむ時には、その==さじ加減と信憑性には十分配慮して臨むことが大切==です。

🗨❶ メリットつかみ

　人は自分にとってメリットがあるものに興味を持つという、当たり前の性質を利用したつかみです。簡単で、すぐにできて、大きなリターンが得られるほど有効です。

例1
「今から3時間後には、皆さん全員が1ページ1秒のスピードで本が読めるようになっています」

例2

「私が5年かけて構築したSNSで集客する仕組みを、皆さんはたった1時間で知ることができます。しかも今日から実践すれば、遅くとも2ヶ月後には売上が3倍になるでしょう!」

例3

「今日お話しする○○は、皆さんの仕事にもプライベートにも素敵な出会いをもたらすきっかけになるかもしれません」

聞き手のメリットそのものがマグネットなので、煽りつかみと同じように嘘はいけません。事実と違うとわかったとたんにくるっと反発します。信憑性が疑われるときは、**例3**のように可能性だけを述べて玉虫色にするのがコツです。

⑫ 目次つかみ

聴衆の中には、本の目次のように全体像を最初に示すと安心して聞いてくれる人もいます。そういう人には非常に効果的なつかみです。新聞の大見出し、中見出し、小見出しにも似ているでしょう。他のつかみほど強くはありませんが、大きく外す心配もありません。

例1

「今日は皆さんにしゃべりの極意を3つ伝授いたします。どれも今すぐできて、簡単なものばかりです。1つ目が土台をつくるという話、2つ目が想像させるという話、3つ目が体温と体重をのっけるという話です」

例2

「これから皆さんと一緒に○○について学んでいきますが、最初の30分は座学です。ここだけ我慢してください。サザエさん3話分だけ、どうかお耳をお貸しください。ここを乗りきれば、後の1時間は楽しいワークです。終わった頃には自然と○○が身についてますよ！」

このように目次つかみはわかりやすいのが一番のポイントです。朝のワイドショー番組を観れば、どの局も必ずはじめにメニュー（目次）を見せています。1分、2分が貴重な通勤前には、パッと理解できるつかみが重宝するのです。

オーソドックスなパターンは 例1 ですが、例2 のように、「これからこんなことをしますよ」とスタートからゴールまで道案内するのも目次つかみになるのでおすすめです。好みのほうをぜひ真似してみてください。

これで聴衆をつかめる12パターンをすべてご紹介いたしました。どれも私の実践から得られた、効果の保証できる手法ばかりです。できそうなものから試して、徐々にレパートリーを増やしていくとよいでしょう。何度か経験するうちに、目次つかみの 例2 のように、メリットつかみと組み合せたら、もっとつかめるぞという感覚も身についてきます。そうした工夫、創造を通じて、自分なりの鉄板つかみを構築するのが目標です。

POINT
まずはできそうな「つかみ」を取り入れてみる。慣れてきたら、複数の「つかみ」を組み合わせてみよう。

聴衆の関心を惹きつける　　　　　　　　　　　　CHECK! □

疑問の先回りで話す

　つかみによって聴衆を振り向かせることができても、本題につながらなかったら意味がないのでは？　あなたの頭の中には今、こんな疑問が浮かんでいるかもしれません。

　その通りです。せっかくつかんでも、唐突に「さて、ここからは本題に入りますが……」となれば、勢いが半減してしまうでしょう。落語のようにまくらから本題へとスムーズに聞き手を連れていくのが理想です。では、どうすればよいか？

　答えは、「風が吹けば桶屋が儲かる」にあります。誰もが知っているあの小話の中にある。それは……

　こんな風に、聞き手が抱くであろう疑問を先回りして話していく。原稿をつくる段階で、おそらくここでこんな疑問が浮かぶんじゃないかと聞き手の立場でリアルに感じて予想するのです。そのQ&Aをセットで話の中に挟んでいくと、常に聴衆を振り向かせることができます。

話し手「でも、ここで、○○と思ったのではないでしょうか？」
聴　衆「(そう、そうだよ、そう思ったところなんだけど……)」
話し手「たしかに、そう考えてしまうのも無理はありません。実は……」

このセットの繰り返しです。
　気づいた方もいらっしゃるでしょう。これは疑問の先回りで、68ページの「YESセット」をとりにいっているのです。
　通販の世界では、受け手が読み進めるうちに、気づいたら申込書に記入している状態にさせるため、巧みに使われている手法です。近くにセールスレターがあれば読んでみてください。

「今回に限り、5万円とさせていただきます。3ヶ月で変化が現われるので大きなチャンスです！　ですが、やっぱり、主婦にとっては大きな金額でしょう。受験を控えたお子様が1人、2人いらっしゃれば、それだけ負担も大きい。とはいえ、会員の皆様の利益を守るためにも安売りはできません。そこで、今日から3日間に限り、特別に1万9,800円にさせていただきます。今すぐお申し込みください」

　きっと、こんな感じのパターンがあったはずです。先へ先へ読んでもらえるように、しかも、行動させるように工夫している通販のDMをちょっと覗けば、聴衆に聞いてもらえるノウハウとしても使えるヒントがたくさん見つかります。

> **POINT**
> 「聞き手が抱くであろう疑問」を先回りして話すことで、聴衆は話に引き込まれる。

聴衆の関心を惹きつける　　　　　　　　　　　　CHECK! ☐

1人1人とラポールを築く

🔲 体も向けてアイコンタクト

　意外と忘れがちですが、聞いてもらいたい相手に体ごと向けるのも効果的です。

　視線だけをチラチラ前後左右に振るのではなく、大勢を前にしても1人1人、もしくは2、3人のグループごとに体を向けて話すのです。

　自分がされてみるとわかりますが、体ごとのアイコンタクトは私に話しかけてくれているという、いい意味でのプレッシャーを感じ、聞かなければという思いになります。好意を持った話し手であれば、「聞かなければ」ではなく、「聞きたい！」というホットな気持ちにまで高ぶってくる。体ごと向けるだけなので、今すぐ簡単にできる方法です。

　私はよく演台から離れて、前列右端から左端へ歩いていきながらアイコンタクトをします。意識せずとも1人1人順番に体が向いていくので、序盤に数分やるといいでしょう。自然に聞いてもらえるようになるのでおすすめです。

名前で呼ぶ

　最後に、**参加者に声をかけるときは名前で呼ぶ**のを忘れないでください。聞いてもらえるノウハウの中で、**これが一番効果のある手法**かもしれません。

　あなたのことを単なる参加者の1人として接した人と、1人の人間として接してくれた人と、どちらが好印象に見えるか？

　自身に当てはめてみれば、ストンと腑に落ちるでしょう。

　その人が大事にしているものを大切に扱う。つきつめれば、ここにたどり着くのです。

　これまで、聞いてもらうためのノウハウに特化して述べてきましたが、そもそも相手とラポール（信頼の架け橋）さえ築くことができれば、すべてがうまくいきます。名前を呼ぶのは、その原点に返った手法なのです。

　ラポールを築く方法には、相手を真似るミラーリングなどいくつかありますが、名前を呼びかけるほど、即効性のあるアプローチはありません。

　出会ったばかりなのに、すぐに名前で呼んでくれる。しかも、以降ずっと呼んでくれたら、うれしくないはずがありません。

　前章でご紹介したように、準備の段階で参加者名簿を手にしてすでにつながっていれば、より強固なラポールを感じることができるでしょう。仮に名簿が手に入らなくても、何らかの演出（アイスブレイクや質問など）をつかって本番中に名前を伺ってくだ

さい。

「それでは、2列目左から3番目の、素敵な赤いネクタイをされている男性、あなたです！ 質問の前にお名前を教えていただけますか？」

　名前がわかったらすぐにメモするなり、覚えるなりして、以降、必ずその名前で呼びかけるようにしましょう。聞いたにもかかわらず、後で「えっと……何でしたっけ？」と、何度も尋ねるようでは逆効果です。

　もう1つおすすめなのが、名前ではなく**ニックネームで呼び合う**方法です。開始前に白いシールを配り、そこにニックネームを書き、服の上から左胸に貼ってもらいます。特にセミナーや研修でやると、ワークの時に参加者同士がニックネームで呼び合って盛り上がるので、私は好んで取り入れています。

　もっと聞き手に伝わるような話がしたいと思ったら、そもそも「聞いてもいいかな」と思われているかどうかを真っ先に疑ってください。人前で話す時は、最初が肝心なのです。
　まずは聞いてもらえる下地をつくりましょう。急がば回れ！です。

> **POINT**
> 1人1人に体を向ける、参加者に声をかける時は名前で呼ぶ。するとラポール（信頼）が築かれ、聞く体勢になる。

3章

ドラマと同じ！退屈させない伝え方の極意

最後まで聞いてしまう

「**構成**」編

3章の概要

聞いてもらえる土台がつくれるようになったら、次は話の構成を考えます。料理で言えばレシピ、ビルで言えば骨組みにあたります。たとえば結婚式のスピーチだと、
①お祝いの挨拶
②自己紹介
③エピソードの披露
④2人へのメッセージ
⑤結びの挨拶
この5つの骨組みが土台にあれば、初心者でも簡単に心に響くスピーチができるようになります（詳しくは拙著『新版　もう、あがらない！　結婚式のスピーチで困らない本』）。
同じように、講演でもプレゼンでも、人前で話す時は、何をどの順番で伝えていくか、その構成次第で全体のクオリティが上がり、聞き手の関心、満足度を高めることができます。

構成の基本 CHECK! ☐

まずは「目次式」の構成を考える

　一番簡単なのは、前章でご紹介した「目次つかみ」をそのまま構成にする方法です。

　しゃべりの極意を3つ伝授するという講演なら、

①自己紹介
②土台をつくるという話
③想像させるという話
④体温と体重をのっける話
⑤まとめ
⑥質問
⑦お礼の挨拶

　このような順番で7つの構成から成る話にすると、聞き手に伝わりやすくなります。
「目次式」は話すテーマに左右されないので、お題が「新薬」でも「片づけ」でも「ビットコイン」でも対応できるのがメリットです。
　アレンジするのは「〜の話」をいくつ用意するかだけ。最初と最後の挨拶、まとめ、質問タイムの4つは共通部分です。
「〜の話」が大きすぎる場合は、新聞の大見出し、中見出し、小

見出しのようにさらに小分けにするといいでしょう。

　ほとんど悩まずにできる手軽さから、私もはじめの頃によく使っていました。構成が苦手な方は目次式から経験を積んでいくのがおすすめです。

💬 Aの話を5分、Bの話を5分、Cの話を5分用意する

　構成を考える時に、そもそも30分以上も話せるだろうかと不安になる人もいるでしょう。交互にしゃべりながら進んでいく友達との雑談なら、1時間でも2時間でもできる。でも、たった1人で聴衆を前に長時間話すとなると、中身を埋められるかどうか、どう埋めたらよいかで悩んでしまうものです。

　慣れないうちならなおさらで、10分の講話を頼まれただけでも、頭を抱えてしまうかもしれません。でも、そんな時でも心配はいりません。

　仮に、1時間の講演をお願いされたとします。1時間という長さだけを思えば、1本のテレビドラマを観るのと同じくらいの長さをしゃべり続けるなんて、できるだろうかと不安になる。

　けれど、15分の話を4つ用意すればいいと考えれば、ほんのちょっぴりでも、できるかもしれないと思えるでしょう。

　それでも心配なら、Aの話を5分、Bの話を5分、Cの話を5分というように、**それぞれ5分の話を12個用意する**のです。

　15分の話を4つ用意した場合でも、それぞれ3つに小分けしていけば、同じように5分単位の話が計12個になります。

これを思いつくまま紙に書いていくのです。パソコンのメモ帳に打ち込んでもかまいません。とにかく5分単位で話せるような括り（小ネタでもかまわない）を講演時間に合わせて出していくのです。

　参考までに私の例をあげましょう。
「話の構成」について60分話してくださいと頼まれたら、5分単位で話せそうなトピックをブレーンストーミングのようにどんどん書き出します。
　そして、その中から6つに絞ります。最初に自己紹介5分、アイスブレイク5分、最後にまとめ5分、質問5分、お礼の挨拶、インフォメーションに5分をとれば、話にあてられる時間は残り30分（6話分）となるからです。
　結果、右のようになりました。

　もうお気づきの通り、この章の構成そのものが、60分の講演になるのです。
　30分の講演でも手順は一緒です。5分の話を4つ用意して、残り10分を自己紹介やまとめ、お礼の挨拶等にあてれば形になるでしょう。

講演タイトル

『ドラマと同じ！　退屈させない伝え方の極意　　　　　　　　〜最後まで聞いてしまう「構成」編』

①自己紹介

②アイスブレイク

③まずは目次式から

④Aの話を5分、Bの話を5分、Cの話を5分用意する

⑤ビジネスで勝てる「PBREP」

⑥「マルチプルアウト」でゴールを決める

⑦最後まで退屈させない「ネストループ」

⑧ネストループの実例編

⑨まとめ

⑩質問タイム

⑪お礼の挨拶、インフォメーション

POINT

構成に悩んだ時は、とにかく話を小分けにして用意していく。

納得感が高まる構成　　　　　　　　　　　　CHECK! ☐

> 「PBREP(ピビレップ)」で
> 理解・納得してもらう

　サッカーでもバスケットでも勝つための布陣があるように、人前で話す時も、目的に適う構成があります。
　たとえば、==こちらの考えを相手に納得してもらいたい時には、PBREP(ピビレップ)構成が効果的==です。

> ① **Point**（結論・要点を話す）
> ② **Background**（背景を述べる）
> ③ **Reason**（理由を伝える）
> ④ **Example**（事例で支える）
> ⑤ **Point**（もう一度、結論・要点を示す）

　プレゼンでよく使われるPREP(プレップ)法にBackground（背景）を加えた構成で、私が勝手に5つのブロックの頭文字をとってPBREP(ピビレップ)と呼んでいます。

　どんなにがんばって話しても聞き手に納得してもらえない時には必ず、「話があちこちに飛んで理解できない」「何が言いたいのかわからない」「信憑性がない……」、この3つのいずれかが隠れています。納得しようと前向きな気持ちで聞いても、納得に至る判断材料が見えなかったら、納得しようがないのです。

PBREP なら、5つのブロックと順番が決まっているので、話があちこちに飛びようがないし、言いたいことも最初にわかる。結論を支える事例もあるので、聞き手の理解や納得が自然に生まれてくるのです。

　具体例をあげましょう。今あなたに述べているこの項目がまさにそうです。気づきましたでしょうか。
　ここまで、Point（結論）→ Background（背景）→ Reason（理由）→ Example（事例）と PBREP を使って述べてきました。
　どの部分がどのブロックに当てはまるのか、ぜひ順を追って確認してみてください。きっと、「なるほど！」と思っていただけたに違いありません。このように PBREP は文章で伝えたい時にも効果的なのです。

　最後にもう一度、Point を示して終わりましょう。
　企画を通したい、意見を述べたいなど、自分の考えを相手に納得してもらいたい時には、PBREP 構成がおすすめです。
　話があちこちに飛びようがなく、言いたいことも最初にわかり、結論を支える具体例もある。順番に話していくだけで、聞き手の理解や納得が自然に生まれてくるのが、PBREP 構成なのです。非常に使い勝手のいい構成なので、さっそく試してみてください。
　PBREP の優れたメリットを理解し、納得していただけたなら、それはまさに PBREP で述べてきたからこそ、です。

> **POINT**
> 結論→背景→理由→事例→結論の順に話す「PBREP」構成は、聞き手の納得を得やすい。

興味・関心を持続させる構成　　　　　　　　CHECK! □

「マルチプルアウト」で ゴールを決める

　私は番組でゲストにインタビューをする機会が多くあります。
　どんな流れでどんなことを聞いていけば、その人の魅力を最大限に引き出せるか？　リスナーにより興味を持ってもらえるか？
　そのための構成を考え、事前に質問内容も送り、オンエアーに臨むのですが、毎回筋書き通りにいくとは限りません。相手が予期せぬおもしろい話をしてくれたら、それをしっかり拾って深めていく。そのほうが、目的を果たせるケースがあるからです。

　ラジオパーソナリティーの駆け出しの頃は、それがわからず、次の質問、次の質問と台本通りに進めてしまい、ゲストとかみ合わないことがよくありました。準備したことばかりに意識が向き、その場のコミュニケーションを見失っていたのです。
　プレゼンでも講演でも一緒です。時には用意した筋書きを捨て、聞き手の反応に合わせた展開をしていく必要があるのです。
　理想はアドリブですが、臨機応変に反応できるだけの引き出しと経験がなければ難しいでしょう。でも、**筋書きをあらかじめ2つ、3つと複数用意しておくこと**ならできるはず。
　たとえば、商品説明であれば、機能面から訴えるAパターンと価格の優位性から攻めていくBパターン、さらに保証面から押していくCパターンの3つを用意して臨むのです。

機能面から訴えたけど、価格についての質問が途中で出たりしたら、迷わずBパターンに変更すれば、聞き手の関心を惹きつけたままにできます。
　もちろんその分、準備に時間はかかります。面倒くさいと思うかもしれません。けれど、出たとこ勝負のアドリブよりは確実です。

占い師の話術を取り入れる

　このように聞き手の反応に合わせて多様な出口を用意しておく構成を「マルチプルアウト」と言います。

　身近な例で言えば、占いがそうです。
「あなたは最近、大きなものを買いましたね？」と言われて、本当にそうなら「え、何でわかるんですか!?　3ヶ月前に車を買いました！」となるでしょう。
　仮に外れて「いえ、特に買ってないですが……」と答えても、「もちろん、今は忘れていたかもしれませんが、これを絶対にやるぞと何か大きな決断をされたはずです」と返してくる。

「（大きな買いものって大きな決断のことだったのか……）そういえば、たしかに先週、大きな決断をしました。3年以内に行政書士の資格を取ろうと思ったんです。何でわかったんですか！」
　と、どんどん占い師の術中にはまっていき、最後は気持ちよく帰っていくのです。
　マルチプルアウトがなければ、「買っていません」の後が続かず、信頼を失うところでしょう。

占い師はどんな答えが返ってきてもマルチプルアウトでさばけるからこそ、たとえ99.9％外れるとわかっているようなことでも平気で言えるのです。
「あなたはイグアナを飼っていますよね？」、こんなリーディングも、ためらいもなくバンバンぶち込めるのです。

　雑誌や広告でよく見かける「あなたにぴったりな保険はこれ！」「キミはこんな職業に向いている」も、マルチプルアウトそのものです。
　質問の答えによって道が枝分かれしていく。でも、どんな選択になっても、その会社から保険に申し込む、通信講座を受けるという結果に変わりありません。

　話すテーマによってあなたの最終ゴールもさまざまでしょう。参加してもらう、買ってもらう、採用してもらう、前向きになってもらう、笑いころげてもらう。止めてもらう、泣いてもらう、慎重になってもらう、怖がってもらう、あきらめてもらう……なんていうのもあるかもしれません。
　いずれにせよ、ゴールの旗さえ見失わなければ、どんな行き方でもかまわない。**相手に合わせたルートでゴールできるのがマルチプルアウト**なのです。

　ちょっと手間はかかりますが、用意しただけのメリットは得られます。たとえば、PBREP（ピビレップ）と組み合わせれば、「A結論→A背景→A理由」の流れでリアクションがいまいちだった時には、すぐさま「B背景→B理由→B結論」へとチェンジできます。ぜひ取り入れてみてください。

マルチプルアウトで どんな会話も購入へと持ち込める

参考までに、マルチプルアウトを使った接客例もご紹介しておきます。私がオーディオメーカーの営業マン時代に店頭応援で実際にやっていた接客です。

麻生　「普段聞くCDはどれほどお持ちですか？」
お客様「ん〜、30枚くらいかなぁ」
麻生　「それはもう、生活の中に音楽が溶け込んでいる感じですね」
お客様「そうですね。目覚まし代わりにもしています」
麻生　「ちなみにどんな曲で？　目覚めにいいおすすめ曲なんてありますか？」
お客様「最近は、ミスチルが多いかなぁ」
麻生　「ニューアルバムが出たばかりですものね！　もしかして、武道館ライブにも行かれるとか？」
お客様「いやぁ、チケットが取れなかったんですよ〜」
麻生　「それは残念！　次こそ行きたいでしょう？」
お客様「ええ」
麻生　「たとえばですけど、自分の部屋でもミスチルのライブを聴いているような体験ができるとしたら、どうです？」
お客様「そりゃ、うれしいに決まっているじゃないですか」
麻生　「実は私も大ファンで、すぐアルバムを買ったんですよ」
お客様「そうなんですか」
麻生　「これですよね。ちょっとこのミニコンポで聴いてみましょうか」

当時はこの流れを基本にして、コンサートホールのような音場をつくるサラウンド機能＋CDチェンジャー搭載型のミニコンポを販売していました。

　はじめのCDの枚数を聞く質問で2、3枚と答えられたら、「私もそうですが、レンタルCDを借りることが多いのではないですか？」と返します。
　ミニコンポを買おうとしているくらいなので、ほぼ100%「ええ、そうなんです」となる。
　後は、「それはもう、生活の中に音楽が溶け込んでいる感じですね」と基本の流れに戻るもよし。
　マルチプルアウトで「たとえばですけど、借りたアルバムをいっぺんに何十枚も録音できたら、それこそ寝ている間にできたら便利だと思いませんか？」と返すもよしです。

　普段どんな曲を聴いているのかを聞き出した後の展開も同様で、そのアーティストのライブに行けないという答えが返ってきたら、「それは残念！　次こそ行きたいでしょう？」となり、ライブに行くという答えなら「それは楽しみですね。たとえばですけど、そのライブ感を自分の部屋でも味わえるとしたら、どうです？」となる。
　結局、どっちに転んでも、サラウンド機能＋CDチェンジャー搭載型のミニコンポに決めてもらうのです。
　聞き手の反応に合わせて多様な出口へと導くマルチプルアウトを覚えれば、常に興味を持続させることができます。あなたの伝わる力を即座に上げる強力な武器となるでしょう。

さて、最後にゲームにおつき合い下さい。面倒はありませんし、ん〜と悩むこともない。次のどちらかを選んでいただけますか？　角が３つある三角と、１つ多い四角、ここは直感で選んでいく！

どうでしょう？　選びましたか？　選んでいない人はちゃんとここで選んでください。

まさかとは思いますが、四角を選んでいないでしょうね？

え!?　やはり、選んでいましたか！　実は、あなたが四角を選ぶことはあらかじめわかっていたのです。その証拠に、このページの１行目から３行目までの文章でそれを予言しています。各行の一番右端のひらがなを３行縦に読んでみてください。

気づきましたか？　これもマルチプルアウトを使った演出の１つです。

仮にあなたが三角を選んだ場合でも、私の予言は的中します。

「まさかとは思いますが、三角を選んでいないでしょうねぇ？」
「ええ、選んでいません」「ですよね。実は、あなたが三角のほうを選ぶことは、あらかじめわかっていたのです。その証拠に……」

この後のセリフがどうなるかは、あえて書きません。でも、きっとあなたなら、すぐに答えがわかるはずです。

POINT

筋書きを２つ用意しておけば、聞き手の反応に合わせたルートで話を展開できる。

興味・関心を持続させる構成　　　　　　　　　　CHECK! □

「ネストループ」で最後まで退屈させない

　興味・関心を持続させる方法は他にもあります。
　私が好んで使う「ネストループ」がそれです。ネストループは映画やドラマ、小説ではおなじみの構成法で、たとえば、==話がはじまったと思ったら途中で切れて別の場面になり、気づいた時には最初のシーンとつながっているような入れ子構造==のことを言います。

　大ヒットドラマ「半沢直樹」の第一話もそうでした。
　銀行の入行面接シーンからはじまったと思いきや、途中で支店長に謝罪するシーンに変わり、この後どうなるんだとドキドキしていると、またしても途中で切れて、３ヶ月前のマキノ精機社長とのシーンになる。
　でも、ご覧になった方はご存じでしょうが、物語が進むにつれ次々とつながっていくのです。
　図に表わすと右のようになります。

　このように話の途中でどんどん次の話に移っていく、まるでロシアのマトリョーシカ人形のように入れ子構造にされると、==結末が気になって、つい見続けてしまうのです==。

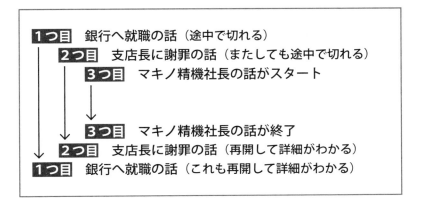

　この優れた構成法を映画やドラマ、小説の世界だけに独占させるのはもったいない。プレゼンや講演、セミナーなど、私たちが普段、ビジネスで話す場面でも、積極的に利用するのです。
　では具体的にどう組み立てたらよいのか？

　セミナー講師をしていると、多かれ少なかれ「困ったなぁ〜」と悩んでしまう場面に遭遇します。後ろのほうで退屈そうにしている参加者を見つけた時もその１つです。
　あなたならどうしますか？
　今より大きな声で話す？　その人に質問する？　わざとその人の近くにいく？
　他にもいろんなアイディアがあるかもしれません。
　でも、もしもそんな場面が次にあった時には、話を途中でやめてみてください。そして「そうそう、そういえば１週間前にこんなことがありました……」と、たった今思いついたかのように別の話をはじめるのです。
　すると、さっきまで隠れてスマホをいじっていた参加者が、ほ

んの数秒でも顔をあげるようになる。興味を新たに喚起させられた証拠です。後は、頃合を見てもとの話に戻るだけでいい。

　このアプローチは何かに似ているでしょう。そうです。ネストループそのものです。ネストループは退屈している相手を振り向かせるテクニックとしても使えるのです。
　何か話をし、わざと途中で切って、また別の話をし出す。ネルトループではその１つ１つのアクションを「ループを開く」と言います。そのループ開きをいかに流れの中で自然につくり、後で必ず閉じるように話せるか。この２つのポイントさえクリアできれば組み立ては簡単です。
　いろいろな手がある中で、一番形にしやすいのが、今まさにあなたが読んでいるこの項目で取り入れている方法です。聞き手に質問を投げかけ、答えを言わずに、また別の質問を投げかける。後は順々に答えを示していくだけで、簡単にネストループとなります。103ページの４行目から、もう一度ご覧ください。

１つ目の質問　「では具体的にどう組み立てたらよいのか？」

　２つ目の質問　「退屈そうにしている参加者を見つけた時、あなたならどうしますか？」

　２つ目の答えを示す　「話を途中でやめて、今思いついたかのように別の話をはじめる」

１つ目の答えを示す　「今のように質問でループを開き、後で答えを示せば、自然に閉じて簡単にネストループができあがる」

ネストループで構成されていたのがおわかりいただけたと思います。
　ここではさらに、2つ目の流れが1つ目の答えのヒントとなるように組み立てていました。こうすることで、よりあなたに納得感を与えることができるからです。

　通常、構成をしっかり決めるのは、話があちこちに飛んで理解できないのを防ぐためですが、**ネストループはわざと話を脱線させて聞き手の腑に落とします。**
　どんなに話が飛んでも、最後には次々と閉じていく。
　クライマックスに向けてのこの過程が聞き手の驚きと納得感を生むネストループの肝であり、これがないと、話がよく飛ぶただのわかりにくい人になってしまいます。
　ループ数が複雑になればなるほど、与えるインパクトは強くなりますが、もとに戻れなくなるリスクも増えるので、はじめのうちは入れ子が1つの2ループからチャレンジするとよいでしょう。それも、先ほどのように質問を使えば、すぐに組み立てられます。話すテーマに合わせて質問を2つ考えてください。

　たとえば、「小さなお店が儲けるためにはお客様の声を集めることが重要」という話なら、次のようになります。

> **【話のテーマ】** 小さなお店が儲けるためにはお客様の声を集めることが重要
>
> ### 1つ目の質問(ループを開く)
> なぜ、お客様の声を集めることが大切なのか?
>
> ### 2つ目の質問(ループを開く)
> ところで、私たちは流通業界で商いをしていますが、なぜ、流通と言われるのか、ご存じでしょうか?
>
> ### 2つ目の答え(ループを閉じる)
> 流通には商品を流す「流」だけでなく、
> 顧客とメーカーの間に情報を通わせる「通」もある。
>
> ### 1つ目の答え(ループを閉じる)
> お客様の声をつくり手に伝え、つくり手の想いをお客様に伝えていくところに小売店の存在意義=儲けの種があるから。

　話を入れ子にするネストループは、数ある構成法の中でも私の一番のおすすめです。難易度は高いですが、質問を使った2ループなら簡単にできます。しかも、決まった時のリアクションが他の比じゃない。聴衆の関心を持続させ、最後まで退屈させません。集中して聞いてもらえます。

　テレビのバラエティ番組で、ゲームの決着がつく一歩手前でCMを入れたり、別のコーナーを見せたりするのも、同じ効果を狙ったネストループです。

これまでご紹介してきた「目次式」「PBREP」「マルチプルアウト」とともに、ぜひ、この優れた構成法をあなたの引き出しに加えて欲しいです。

　最後にちょっとしたコツを伝授しましょう。
　あらたにループを開く時には「あっ、今、思いついたのですが……」という雰囲気を出してください。別の話にわざと飛ぶところなので、このような細かなニュアンスを印象づけられるかどうかも、話のクライマックスに大きく影響してきます。

　まずは簡単な2ループ構成から実践し、慣れてきたら、村上春樹さんの小説『1Q84』顔負けの、より複雑な入れ子構成にチャレンジしてみてください。

> **POINT**
> 話を途中で切って、別の話をする。わざと話を脱線させて、最後に閉じれば、聴衆を退屈させない。

4章

ラジオで培った技！パッと理解させる話術

わかりやすいと言われる

「表現」編

4章の概要

土台をつくり、骨組みを建てたら、いよいよ中身の表現力を身につけていく段階です。話し方を指南する書籍の多くはここから述べているので、正直、待ちくたびれたかもしれません。でも、決して損はさせません。基礎を固めてきたこのタイミングで学ぶからこそ、知識だけで終わらない、実質的な力が備わります。遠回りしたように見えて、伝わる力が伸びる一番の近道なのです。さっそく、ノウハウを身につけてもらいましょう。どれも16年以上もの間、ラジオやセミナーで培った、わかりやすいと言われる表現術です。

わかりやすい説明のコツ　　　　　　　　　CHECK! □

マジックナンバー 3で伝える

「大事なことはたった3つです」「今日覚えて欲しいことはこの3つ！」など、必ず話を3つにまとめる表現術は、「マジックナンバー3」とも呼ばれ、プレゼンの世界ではかなりメジャーな手法です。心理学はもちろん、ビジネススクールの先生までもがわかりやすくなると推奨しているので、ご存じの方も多いでしょう。

今この原稿を書きながら聴いているラジオ番組でさえ、ゲストトークのところで、
「○○さんに今日お話しいただくテーマはこちらです。2018年インスタント麺3大ニュース！
　その1　還暦を迎えました
　その2　黒歴史トリオの復活
　その3　肉薄する海外勢
以上の3つです」
と話していました。

マジックナンバー3が優れている点は3つあります。
①覚えやすくなる
②満足感を与えられる
③安心できる

どうでしょう？　やっぱり、こう伝えられると覚えやすいですよね。

3つだけなので、いつまで聞かされるのかという心配がない。でも、これが重要だからといって4つ、5つにすると覚えづらくなり、逆に1つ、2つだと物足りない。**感覚的にちょうどいい塩梅なのが「3」という数字**なのです。

不思議な数字、マジックナンバーと言われるゆえんです。

だからこそ、私の番組でも、あらゆるコーナーで積極的に取り入れています。

たとえば、イベントの告知なら、「今年のどっさり祭りの見どころは大きく3つあります！　1つ目は……、2つ目は……、最後3つ目は……」といった具合です。

話すテーマに合わせてあらかじめ3つにまとめておくだけなので難易度が低く、初心者でもすぐに実践できます。まだの方はぜひ試してください。

🗨 答えに窮したら「3つ」と言い切る

さらに私がおすすめしたいのは、**アドリブでも使う方法**です。むしろ何の準備もしていない時こそマジックナンバー3なのです。

取引先や顧客へのプレゼンテーション、社内会議での発表、セミナー講師など、人前で話をしていると、突然、質問されるケースがあるでしょう。

私の例で言えば、話し方のセミナーをしていて、「弁論大会で勝つにはどうしたらいいですか？」と**不意に質問された時**です。

すぐに答えが出てくればいいのですが、こんな時に限って出て

こない。でも、あせる必要はありません。すぐに答えが思い浮かばないからこそ、先に「3つあります」と堂々と言い切ってしまうのです。

そして、ゆっくりと人差し指を立てて「1つ目は……」と言いながら考え、その瞬間、降りてきた答えを話します。

「1つ目は……言葉に「体温」と「体重」をのっけることです」

こう述べると、難しく感じるかもしれません。でも、やってみれば意外と1つ目は浮かんできて答えられるものです。さらに2つ目は、1つ目の背景や理由などを話しているうちに、「これだ！」いう候補が出てくる。3つ目も同様で、1つ目、2つ目を話しているうちに、意識、潜在意識ともに活性化されて浮かんでくるのです。

はじめは、そんなにうまくいくものかと信じられないでしょう。でも、勇気を持ってやってみてください。心配とは裏腹にできてしまった自分にびっくりするはずです。

マジックンナンバー3は推奨者も実践者も多い。人によっては手垢のついた手法に映るかもしれません。でも、3つにまとめれば確実にわかりやすくなり、アドリブでも効果を発揮するので、私は素直に取り入れています。

> **POINT**
> 話を3つにまとめれば、聞き手が理解しやすい。
> 答えにつまる場面のアドリブ力もアップする。

わかりやすい説明のコツ　　CHECK! □

数字を入れる

　わかりやすい話には必ず具体性があり、**送り手と受け手の感覚にズレがありません**。仮にあったとしてもわずかな差異で伝わっていく。**それをもっとも簡単に実現できるのが数字**です。

　たとえば、次のAとBのどちらが「システム」をより理解できるでしょうか？

A　「このシステムは同時にたくさんの情報を素早く処理することができます」
B　「このシステムは御社の会員7万人が同時に利用したとしても、記事の更新、画像のアップロードなど、すべてのデータ処理を2秒以内に終えます」

　Aは性能のよさを言いたいのは何となくわかるけど、漠然としていて基準がよくわかりません。

　対してBは数字で具体的にシステムの性能を伝えており、基準が明らかです。実際に導入した時のイメージが浮かびやすく、より理解できるのはBのほうではないでしょうか。

　Aのように「たくさん」という表現を使うと、たくさんとは一体どのくらいなのかと疑問に思う人もいれば、「ああ、たくさ

んね」と素直に受け入れる人もいて、すでにこの時点で理解の差が生まれてしまいます。さらに受け入れた人でも、それぞれ勝手にイメージしていて、自分の感覚で10と思う人もいれば、100以上という人もいる。「素早く」という表現も同様で、1秒をイメージする人もいれば、1分くらいと感じる人もいるでしょう。

このように話の中に定義のあいまいな表現があると情報原型と一致しにくくなり、聞き手を誤った理解へと導きかねないのです。

ビジネスにおけるプレゼンテーションなら、言葉1つで売上を逃すところです。

もちろん、実際は途中で説明を補足したり、「ここまでで何か確認しておきたいことはありますか？」と質問を促すなどして気を配っていることでしょう。そうすれば、ズレは埋まっていく。でも、そのやりとりそのものが聞き手にとってはストレスで、わかりにくい印象を与えてしまうのです。

川の流れはスムーズなほうがいい。流れをせきとめる石は少なければ少ないほど、わかりやすさにもつながっていきます。

話の中に速さや量、大きさなどを伝える箇所があれば、抽象的な表現になっていないかをチェックし、もしなっていたら、具体的な数字に置き換えられないか検討しましょう。

1秒は私にとってもあなたにとっても、誰にとっても1秒です。

POINT

速さや量、大きさなどを伝える際は、具体的な数字に置き換えられないか検討する。

わかりやすい説明のコツ　　　CHECK! ☐

別の表現に置き換える

　数字に置き換えることを検討していくと、他にもあいまいな表現やふわふわした言葉、一部の人しか使わないカタカナ用語、わかりにくい専門用語などに気づくようになります。

　その1つ1つを具体的な表現に置き換え、誰もがパッとイメージできるようにする。そうしたひと工夫が共通理解の精度をさらに高めていきます。

　場合によっては置き換えた数字さえも別な表現にしたほうが、わかりやすくなるかもしれません。

　たとえば、プロ野球、北海道日本ハムファイターズの新球場建設地となる、きたひろしま総合運動公園の広さを「36ヘクタールです」と言うよりも、「札幌ドーム7個分の広さです」と置き換えたほうイメージできるでしょう。

　同じ話を東京でするなら、「東京ドーム○個分」のほうが伝わるかもしれないし、年配の聞き手が多ければ昔の後楽園球場にたとえたほうが、よりわかってもらえるかもしれない。

　聴衆の立場になって、もっとわかりやすい別の表現に置き換えられないかを考えてみるのです。

　ボキャブラリーとさまざまな体験がある人ほど実践しやすいのは間違いありませんが、ここで大切なのは、考えようとすること。

マジックナンバー3をアドリブで使った時と一緒で、意識の焦点を当てれば、意外と浮かんでくるものです。もし、それでも浮かんでこなかった時は、次に示す方法を試してください。

🗨 置き換え1 動詞に置き換えてみる

　準備した原稿の中に「すごかったです」「きれいなんです」「うれしかったです」のような形容詞を使った表現があれば、1つ2つ、動詞に置き換えてみるのもおすすめです。
　聞き手に「なるほど」とわかってもらうには、あなたと同じ体験をしてもらうのが一番でしょう。動詞を使うと、それが可能になります。話を聞きながらの想像の世界であっても、具体的に行動できるからです。
　例をあげましょう。原稿に次のような箇所があったとします。

「その時、私の司会をアナウンサーの方が褒めてくださったんです。最高にうれしかったですね」

　これを動詞に置き換えてみます。

「その時、私の司会をアナウンサーの方が褒めてくださったんです。膝のあたりがはじめて緩みました。私はすぐに演台から一歩前に出て握手をし、その手をしばらく離しませんでした」

　うれしかったという形容詞を「緩む」「前に出る」などの動詞に置き換えただけですが、よりリアルに伝わったのではないでしょうか。頭の中であなたも同じように膝を緩ませたり、足を前に

出したりするなどの行動を起こしたからです。
　このように、**動詞で話せば、聞き手はその場にいるかのように追体験ができるので、わかりやすくなる**のです。

　もちろん、すべての形容詞を動詞にする必要はありませんが、「おもしろい」「おいしい」「楽しい」とあったら、「おもしろい」の1つだけでも変えてみる。
「お腹が4回転半よじれました」と動詞で話せば、あなたが感じたおもしろさを聞き手も一緒に感じてくれるようになります。

💬 置き換え2 擬音・擬態・擬人に置き換えてみる

「ガチャン」「ベロ〜ン」「ツルツル」などの擬音・擬態を表わす言葉や、「ドアが泣いている」などの擬人化した言葉に置き換えられないかを探るのも、わかりやすい表現にしていくコツです。例をあげましょう。

「新商品が出るとお店の方を相手に勉強会をするんですが、それがまったくダメで、もう5人くらいでも、あがっちゃうんですよね。まして10人以上になったら、完全にアウトです。もちろん仕事ですから、声がふるえようがつっかえようが、何とか説明する努力はしますよ。でも、その後に質問がきて、さらにしどろもどろ……。そんな自分でしたから、大事な商談を何度も台無しにしたことがあります」

　私が「あがり症の克服」をテーマに講演した内容の一部ですが、ひと工夫すると次のようになります。

「新商品が出るとお店の方を相手に勉強会をするんですが、それがまったくダメで、もう5人くらいでも、ドキドキぐらぐらするんですよね。まして、10人以上になったら、ボクの心臓がおもらししちゃうんです。もちろん仕事ですから、ジョ〜って流れようがもらそうが、何とか説明する努力はしますよ。でも、その後に質問がくると、さらにジョ〜〜〜〜〜。そんな自分でしたから、何度も商談を台無しにしたことがあります」

 どうでしょう。
「ドキドキぐらぐら」「ジョ〜」という擬態・擬音が入っただけで、イメージが湧きやすくなったのではないでしょうか。さらに心臓を擬人化したことで、直感的にわかりやすくなったはずです。
 話のわかりにくい人は、相手によらず、一律の言葉や表現を使いますが、話のわかりやすい人はこうした工夫を重ねて、少しでも理解しやすい言葉や表現に置き換えています。

 上級者になると、それを聴衆の反応を見ながらリアルタイムにしています。「潜在意識には時間も空間もないので……」と話している途中で聞き手がついてきていないと感じたら、すぐさま「これを潜在意識くんと名づけましょう。潜在意識くんの性格は非常に素直で……」と擬人化したり、「マイノリティーならではの価値があるのと一緒です」と話している途中で、首をかしげたら、「社会的に少数派でも……」と言い換えたりするのです。

置き換え3 国語辞典を活用する

 私が主宰している、伝わる力を磨く勉強会「雄風会」では、参

加者に次のようなワークをやっていただくことがあります。
「右を右と言わずに伝えてみましょう」
　すると、考え込んでうなる人もいれば、「お箸を持つほう」と答える人もいて、それぞれ努力されますが、なかなか的確な表現はでてきません。
　でも、答えは身近にあるのです。そう、国語辞典です。試しに、手元にある国語辞典で「右」を調べてみてください。

　私が持っている新明解国語辞典には、「アナログ時計の文字盤に向かった時に、一時から五時までの表示のある側。〔「明」という漢字の「月」が書かれている側と一致〕」と解説されています。
　まさに右を右と言わずに、お箸を左手で持つ人にとっても正確に「右」を表わしているでしょう。
　国語辞典は置き換えアイデアの宝庫です。これを使わない手はありません。

「動物園」を置き換えるなら、
「生態を公衆に見せ、かたわら保護を加えるためと称し、捕らえて来た多くの鳥獣・魚虫などに対し、狭い空間での生活を余儀なくし、飼い殺しにする、人間中心の施設」となり、
「恋」を置き換えるなら、
「特定の異性に対して他のすべてを犠牲にしても悔いないと思い込むような愛情をいだき、常に相手のことを思っては、二人だけでいたい、二人だけの世界を分かち合いたいと願い、それが叶えられたといっては喜び、ちょっとでも疑念が生じれば不安になるといった状態に身を置くこと」となる。
　いずれも、先ほどの国語辞典からです。「動物」「恋」の一語も

使わずにそれぞれ置き換えができて、しかもわかりやすい。

　もっとわかりやすい別の表現はないかと悩んだら、国語辞典を積極的に活用してみてください。

普段からアンテナを張っておく

　本質を見抜く力と創造力さえあれば、ボキャブラリーや体験がなくても、たとえることはできますが、普段から引き出しを増やしておく努力も大切です。

　私は新聞や雑誌、テレビはもちろん、人との会話の中で素敵なたとえに出会った時はメモするようにしています。いわゆるネタ帳にしているのです。その中から、少しご紹介すると……

台風で荒れている様子を表現
「スタジオの窓から外を覗くと、ドラム式洗濯機の中を覗いているよう」

たまに聞いて欲しい、思い出して欲しい気持ちを表現
「この感覚は、桑田佳祐に嫉妬する杉山清貴＆オメガトライブと一緒です」

印象が好転したことを表現
「泣いてばかりですごくわがままだと思っていたけど、いざ相手してみると、ものすごく礼儀正しい福原愛のよう」

本気度や逸品などを表現
「トヨタが久しぶりに出してきたマニュアル車みたい」

こんな感じで他にもたくさん書いています。
　そして書いたら無理やりでも、日常会話の中ですぐに使うようにしています。書くだけでは覚えられず、自分のものにできないからです。
　さらに、このような地道な作業をコツコツ続けていると、たとえのテンプレート化が身につき、オリジナル以外の応用も利くようになります。これが一番のメリットでしょう。

　たとえば、「トヨタが久しぶりに出してきたマニュアル車みたい」というオリジナルから、「○○が久しぶりに出してきた○○みたい」というテンプレートができ、
「山田太一が久しぶりに書いた、極太ドラマみたい」
「筒美京平が久しぶりに出してきた、松田聖子の新曲みたい」
　というたとえも生み出せるようになるのです。

　一朝一夕では身につかない方法ですが、今からでも遅くはありません。普段からよいたとえはないかとアンテナを張っておくと、必ず引き出しが増え、使いたい時に使えるようになり、応用力も備わってきます。

> **POINT**
> 普段から「置き換えのひと工夫」を考え、実践することで、どんな表現だとわかりやすいかが見えてくる。

わかりやすい説明のコツ　　　　　　　　　CHECK! ☐

前フリを入れる

　これから話す内容がよりスムーズに理解できるよう、より強く聞き手の興味を喚起できるよう、注目して欲しいポイントや、話の手がかりなどをちょっとだけ冒頭に入れるのが「前フリ」です。極端な例をあげましょう。

　同僚から、キャバクラに行ったことが妻にバレそうになった話を聞かされるとします。AとBのどちらが、より興味を持って聞けるでしょうか？

A 「いやぁ～この間、一緒に遊んで帰った後、妻にバレそうになってさぁ……」
B 「ねぇねぇ、女の勘って、やっぱ、すごいって思うことない？ この間、一緒に遊んで帰った後、妻がメチャメチャ低い声でこう言うんだよ。『ふ～ん、なるほどね』って。怖くない？」

　単純に事実を話すAよりも、前フリを入れてから話すBのほうが、より引き込まれたのではないでしょうか。
　このように、==同じ話をするにしても前フリがあるだけで、興味の度合いもおもしろさも変わってくる==のです。

　私はラジオパーソナリティーとして、芸能人、文化人を含む、

延べ1,300人以上の方にインタビューをしてきましたが、話がうまいと言われる人たちは必ずこの前フリがありました。**流暢なしゃべりでどんどん向かっていくというよりも、相手が近づきたいと思うような前フリをさらりと入れて、聞き手の興味を喚起する**。一流の話し手はそうした場づくりに抜きん出ているのです。

　講演やセミナー、プレゼンでも、聴衆に強い関心を抱かせる場づくりが欠かせません。

　前フリを入れれば、それが簡単にできるようになります。具体的なつくり方、入れ方を3つご紹介しましょう。

❶ 同意・共感を求める

「○○みたいなことってありますよね」
「普通は○○じゃないですか」

　先ほどの妻にバレそうになった話がそうです。はじめに同意や共感を求めるだけで前フリとなります。ニュアンスさえ伝われば、語尾は「〜だよね？」「〜でしょう？」でも何でもかまいません。

例1　人生大逆転の話
「よく、金の切れ目が縁の切れ目、って言うじゃないですか。あれは嘘ですね。私の場合、金の切れ目が新たな縁の結び目になったのです」

例2　商品開発の苦労話
「資金が底をついたとき、お金を貸してあげると言われたら、普通は助かった！　と喜びますよね。でも、私たちの場合は、それが開発の目標を失うきっかけとなったのです」

例3 新しい販促ツールのプレゼン

「たとえば、私たちが欲しいもの、便利だなぁって思うものは、すでに存在する何かと何かの組み合わせによって生まれていますよね。このスマートフォンも携帯電話とパソコンが一緒になったものでしょう。他にもたくさんありますが、今日、ご提案する販促ツールも、まさにその組み合わせによって、御社の悩みを解決するものです」

❷ 質問をする

「こんな経験はありますか？」
「こういう時、どうなるかご存じですか？」

　冒頭で話すテーマや結論につながる質問をすると前フリになります。質問には強制的に考えさせる力があるので、話し手が答えを示すまで聞き手の関心を惹きつけたままにできます。

例1 人生大逆転の話

「仕事でも、恋愛でもいいです。すべてを失ってもうダメだってなった時に、捨てる神あれば拾う神あり、助けてくれる人があらわれた経験はないでしょうか？　昨年の春、私にもそんな、人生に希望を見出せる出来事がありました」

例2 商品開発の苦労話

「資金が底をついたとき、お金を貸してあげると言われたら、どうなります？　めちゃくちゃ喜ぶ？　そんなもんじゃありません。今から5年前、いっこうに実用化のメドが立たず、とうとう開発をあきらめようと、覚悟を決めた時の話です」

例3 新しい販促ツールのプレゼン

「メールやSNSなど、オンライン上で顧客フォローをしていると、電話や郵送といったオンライン以外のマーケティング活動とも一緒に管理できたら効率がいいのに、と感じたことはないでしょうか？ せっかく得られた貴重なデータを全体の施策として活かしきれていない。以前の私どもがそうでした。でも、今は違います。オンラインとオフラインの境目をなくした統合マーケティングツールがあるからです」

❸ クッションフレーズを使う

「こんなことを言うと、○○かもしれませんが……」
「思い出すと、今も○○な気持ちになる話なんですけど……」

聞き手が抱くかもしれない感情や自分の気持ちを先回りして言うのを、私はクッションフレーズと呼んでいます。

たとえば、自分の意見を述べる前に「こんなことを言ったら、失礼かもしれませんが」とひと言挟むのがそうです。このクッションフレーズをそのまま口にするだけで前フリとなるのです。

例1 人生大逆転の話

「思い出すと、今もこのあたりがぐっとこみ上げてきて、ちゃんと見てくれている人がいたんだなって気づけたいい話なんですけど、ただ、バツイチの方が聞くと、ちょっと引いてしまうかもしれない……。そんな話なんですが、私の人生が180度変わった出来事なんで、正直に話します。昨年の春に……」

例2 商品開発の苦労話

「こんなことを言ったら、話をおもしろくするためにしてるんでしょって思われるかもしれませんが、この商品が生まれるまでの5年間は、他社には絶対に言えないようなことをしていました。もちろん、はじめはそんなことをするはめになるとは思ってもいません。きっかけは、あるベンチャーキャピタルからの1本の電話だったんです」

例3 新しい販促ツールのプレゼン

「これから、今までの常識を覆す画期的な販促ツールをご覧いただきますが、きっと皆さん、『えっ？　これ、どういう仕組みなの？』と思われるでしょう。でも、その秘密を知ったとたん、真っ先に導入したくなるに違いありません」

　芸人さんが、「ここでフリを入れてくれなきゃ！」と相方にせがむ「フリ」も前フリのことで、あれがあるからおもしろくなる。なければ笑いの1つも起きないでしょう。
　報道番組でもキャスターがVTRを流す前に「続いては……本当にこんなことが許されていいのでしょうか？　市民の血税がまたしても……」と前フリを入れてくれるから、ニュースのポイントがわかりやすくなるのです。

> **POINT**
> 「同意・共感を求める」「質問をする」「クッションフレーズを使う」の3つで、聞き手の興味を喚起しながら、パッと理解させることができる。

わかりやすい説明のコツ　　　　CHECK! ☐

半径5m以内の話をする

　ラジオとテレビの違いはどこにあるでしょう？

　映像のあるなしがもっとも大きな違いだと思うかもしれませんが、しゃべり手の私からすると、そうではありません。真っ先に感じるのは、**フリートークの長さや受け手との距離感**です。

　ラジオのリスナーになったことがあればご存じかと思いますが、10分以上も邪魔が入ることなく好きなタレントの話が聴けるメディアは、そうそうありません。

　しかもそのほとんどが、プライベートな近況だったり、ここだけの話だったりで、決してテレビでは聞けない内容でしょう。共感したら、その想いをメールやSNSでリアルタイムに届けることもできるし、逆にそのリアクションがラジオから届くこともある。

　同じタレントなのにテレビで見るより親近感が湧いて、ますますファンになっていくのは当然です。

　こうしたラジオならではの魅力が生まれる一番の要因は、メディアの特性もさることながら、しゃべり手があえて「半径5m以内の話」をしているからなのです。

　日経平均株価が2万円を超えたという話よりも、近くのリサイクルショップに子ども服を出したら2,000円の臨時収入になった

とか、ワールドカップの前夜祭よりも、コンビニでいつのまにかはじまっているパン祭りの話をするなど、とことん、自分の周り半径5m以内の話をしていくと、聞き手は自分のことのように感じる。つまり、半径5m制限そのものが話のわかりやすさに直結しているのです。

ラジオはフリートークの時間が本当に長い。わかりやすくなければ聴いてもらえません。

ラジオパーソナリティーとして16年以上もの間、しゃべり続けていなければ身につかなかったスキルですが、今ではセミナーや講演で話すときにも役立っています。

半径5m以内を心掛けるだけで、参加者にとって話が身近になり、自然とわかりやすくなるのです。

ところで、ラジオ以外にも身近なところにお手本があるのをご存じですか？

平日の夕方にスーパーに行ってみると、時々、楽しそうにママ友と立ち話をしている主婦を見かけます。盗み聞きするつもりはなくても耳に入ってくるのは、どれも子どもの部活や塾の話、近所にオープンした新しいお店の情報など、半径5m以内の話ばかり。

意外にいいヒントが見つかるかもしれません。

> **POINT**
>
> 明日、セミナーで日本経済の話をするならば、自分の周り半径5m以内で起きた経済の話を入れてみる。

わかりやすい説明のコツ　　　　　　　　　　CHECK! □

> # 繰り返す！

　わかって欲しい重要な部分や覚えて欲しい言葉は、何度も繰り返しましょう。
　あなたにとっては常識でも、聞き手にとっては初耳かもしれない。たとえ耳にしたことがあっても、一度や二度繰り返すくらいでは覚えられないからです。
　なじみのない専門用語やカタカナ言葉であれば、なおさらです。
　英語の授業で「第4文型（SVOO）から第3文型（SVOM）の変形は……」とはじめて説明された時を思い出してみてください。私は本当に覚えが悪かった。繰り返し聞いてやっと理解しました。

　さらに話そのものがてんこ盛りで長くなったりすれば、疲れもするでしょう。重要な部分の繰り返しがなければ、印象はどんどん薄まっていく。自分が思っているほど相手には伝わっていないものです。
　わかって欲しいことは、意識して繰り返すほかありません。単純ですが、今すぐ誰にでもできるもっとも効果のある方法が「繰り返す」ことなのです。
　「こんなに言ったらちょっとしつこいかな」と思うくらいがちょうどいい。もちろん、続けて言えば本当にしつこいと思われるかもしれません。でも、その状態そのものが覚えてもらえた証拠で

す。

　上手な話し手になると、同じ言葉を多用するだけでなく、**表現を変えて繰り返す、別の切り口から説明するなどして、覚えてもらえるように強調しています**。

　これからは、「ちゃんと話したから、わかってくれているはず」という思い込みは捨てて、**何度も繰り返してやっと伝わるんだという意識で話してみましょう**。
　あの小泉元首相も連呼する熱弁で、「自民党をぶっ壊す」「改革なくして回復なし」という重要フレーズを国民に覚えてもらいました。その威力を思い知った多くの政治家がその後、真似ていったのはご存じの通りです。

　もうお気づきですよね。私もたくさん繰り返しました。これだけ繰り返して、やっとあなたにも「繰り返す」ことの大切さが理解してもらえるのです。

> **POINT**
> はじめて聞くことは、1回聞いただけでは覚えられないもの。「しつこいかな？」と感じるくらい繰り返そう。

話の納得感を高める　　　　　　　　　　　　　　CHECK! ☐

ロジック、エモーション、トラストの3要素を含めて話す

　話のわかりやすさは料理と一緒で、どんな言葉を選び、どう調理するかで決まります。

　でも、味が好みでなければ納得してはもらえないでしょう。せっかくつくるなら、「おいしい！」と言ってもらいたいはず。

　人は話に納得できれば、後から「わかりやすかった」という印象を持ちます。わかりやすい話にしたいならば、先に納得させることに意識を向けてみましょう。

　たとえば、次に示す部屋の中に「人」が入りました。部屋の窓から太陽の光だけが差し込んでいます。人間が生きていくために必要なものを部屋に5つ持ち込めるとしたら、何を入れますか？

　ちょっと考えてみてください。

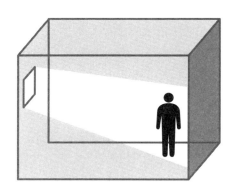

131

私が主宰している勉強会で同じ質問をしたところ、テレビやベッド、携帯電話、食べ物などなど……中には友達という答えもありました。
　たしかに食べ物は必要ですが、何日持つかわからない。いずれなくなってしまい、生きてはいけなくなるでしょう。命を持続させるには、もっと大事なものがいるのです。
　「水」「空気」「植物」「土」、そして最後は「微生物」です。
　太陽の日差しと植物があれば光合成によって酸素が補えます。水と土があれば、その植物を育てることもできる。根や葉、茎はもちろん、果実を食料にすることだってできるでしょう。でも、微生物がいなければ、人間の排泄物を分解できません。分解できなければ土を豊かにし、植物の栄養として利用できなくなる。
　つまり、生きていくためには、炭素レベルで物質循環を生み出していかなければならないのです。

　ところが原子力発電はどうでしょう？
　放射性廃棄物を次々に出して埋めていくだけの一方通行です。
　なぜ、原子力発電が問題かといえば、地球上の生物が生きていくためにもっとも大切な物質循環を1ミリも生み出していないからなのです。環境問題の本質は、人間が自然の循環の環を止めていることにあるのです。

　おっと！　これ以上述べると、誤解を持たれかねないのでやめますが、私は決して原子力発電の是非を問いたいのではありません。これまでの説明を聞いて、あなたが感じた印象を知りたいのです。正直、「なるほど～」と思ったのではないでしょうか。なぜなら、**私がわざとそういう気持ちになるように説明したから**です。

話の中にロジック（論理）を入れたのに気づかれたでしょうか。AであればB、BであればC、だからAはCなんだとロジックで説明されると、聞き手は納得せざるを得なくなるのです。子どもを注意するときもそうでしょう。

「友達のジャージを川に投げ捨てたのはいいこと？　悪いこと？」
「悪いこと……」
「だよね。じゃあ、悪いことってしていいことなのかな？　それとも、しちゃいけないことなのかな？」
　こんな風に言われたら、大人だってぐうの音も出ないですよね。
　ところが、お気づきの通り、心の奥底には「そうはいっても……」という気持ちがわずかながらにもあるものです。

　先ほどの原子力発電の話でも、受け入れられなかった人が必ずいる。ロジックを使えば詰め将棋のようにどんどん王様を追い詰めて、最後にはどこにも逃げられないようにできますが、同時にそれは、**頭ではわかっても心では納得できないというリスクも生みます**。聞き手を納得させるのにロジック（論理）は必要ですが、それだけでは十分ではありません。**エモーション（感情）の訴求**も不可欠なのです。

「なぜ、原子力発電が問題かといえば、地球上の生物が生きていくためにもっとも大切な物質循環を1ミリも生み出していないからなのです。環境問題の本質は、人間が自然の循環の環を止めていることにあるのです」
　この後にたとえば、「**今も放射能汚染のために、思いっきり外で遊べない子どもたちがいるのをご存じですか？**」と聞かされた

ら、どうでしょう？ さらに「当たり前に普通に暮らしていた人たちの生活が突然奪われ、昨日まで幸せに過ごしていたのに、どうして？ 何で？ と思いながら、離婚せざるを得なくなった夫婦だってたくさんいるのです」と訴えられたら、もう、心に響かないわけがない。人を納得させるには、「ロジック」と「エモーション」の訴求が重要なのです。

真に納得してもらうには「トラスト（信用）」が不可欠

でも実は、まだ足りません。いくらロジックとエモーションの訴求をしても、そこにあと1つ、「トラスト（信用）」がなければ、聞き手は手放しでは納得できないのです。

環境問題の専門家や原子力発電の研究者が話すから納得できるのであって、私のような専門家でも何でもない、地方の一ラジオパーソナリティーが話せば、やっぱりどこかで疑念が湧いてくる。いや、もっとストレートに言えば「お前が言うなよ」でしょう。

トラストの要素には、その話をする資格があるのかないのか、誠実な人物なのかどうかはもちろん、データや出所の信憑性も含まれます。いかに信用、信頼を感じさせられるかが大事なのです。

だから、番組でラーメン屋さんを紹介する時にも、「どうせ、スポンサーだからでしょ」とか「頼まれたからリップサービスしているんでしょ」などと誤解されないように、必ずトラストを入れます。もちろん、ロジックとエモーションも忘れません。

「今日ご紹介したいラーメン屋さんは、某有名ラーメン店の店主が週3回は食べにくるというお店です。"歯医者さんが通う歯医

者さん"のようなものですね。大町5丁目にある匠麺さん。実は私も毎週のように通っていて、昨日のお昼にもいただきました。

メニューは1つ、醤油ラーメンだけなんですが、黙ってスープをひと口すすってみてください。そこから先はとまらないですから。秘密は出汁にあるんですね。魚のタラを使っているんです。そのタラの旨み、甘みが絶妙で、クセになる味なんです。

しかも、麺は縮れの水分が少ない少加水麺です。スープにしっかりからんで吸う吸う！ 箸を入れたとたん、パッと湯気が立って、ほどよく色づいた麺が現われます。

後は、そのまま口に持っていけば、想像できるでしょう。さっきの旨み、甘みが、今度は湯気とともに鼻腔、口腔を突き抜けて、思わず『うまい！』という言葉を発してしまいます。ぜひ、体験してみてください。

店主の青山さんは、匠麺をオープンするまでは、東京の日本料理屋さんで23年間修業を積まれた料理人なんですね。具材の1つ1つ、切り口が鮮やかで、ネギの盛り付けを見ても美しい。そういうところにもこだわりが見えますので、ぜひ、味わってみてください。某有名ラーメン店の店主が足繁く通うのもうなずけます。おすすめです。住所、もう一度申し上げましょう……」

あなたがこのインフォメーションのどの部分に信頼を感じ、感情を動かされ、内容を理解するに至ったか？ そこに匠麺の醤油ラーメンを食べてみたくなった理由が隠されています。

より聞き手に届く壇上での動き方

ロジック、エモーション、トラストの3つを話に盛り込む際に

は、自分から見て左側はロジックで、右側はエモーションで、真正面はトラストで訴えると効果的です。

なぜ、このように、それぞれの要素を3方向に分けて訴求すると効果的なのかは、経験から得られたというほかないのですが、1つのヒントに「Weタイプ、Meタイプ理論」があります。セラピストの石井裕之氏が、人間は感受性で2つのタイプに分けられると提唱したものです。

Weタイプは「私たち」を大切にするエモーション型、Meタイプは「私」を大切にするロジック型で、それぞれの特徴がそのまま座席の位置に現われます。

たとえば、「私」を大切にするMeタイプは我が強い。自分より右に出るものはいないとどこかで思っているので、無意識のうちに会場の右側（話し手からは左側）に座ってしまうのですね。自分の右には誰も来て欲しくない。だから、なるべく壁にしようとする。カバンを持つのも右手です。右をオープンにしたくないのです。

Weタイプはその逆で、「私」よりも「私たち」を大切にします。情に深い。だから、右側を譲るのです。

もちろん、すべての人がそうではありませんが、傾向は見られるので、知っておくと大いに役立ちます。ぜひ、試してみてください。

ちなみにトラストを真正面で訴求するのは、まっすぐに向き合っているという誠実さを暗示できるからです。

POINT

ロジック、エモーション、トラストの3つを話の中に入れて、聞き手の納得感を高めていく。

「聞きやすさ」を追求する　　　　　　　　　CHECK! ☐

> # 自分のリズムで話さない

　授業中に先生の話し方の癖が気になって、内容がまったく頭に入らなかった……。よく耳にする"学校あるある"ですが、講演やセミナーでも同じようなことが起こり得ます。

　聞き手は言葉や情報だけでなく、**話し方そのものからも大きな影響を受ける**からです。

　特に自分のリズムで話してしまうと、相手の気を散らすどころか**意味が正しく伝わりにくくなります**。

　試しに、次の原稿を声に出して私に伝えてみてください。携帯電話やスマホをお持ちであれば、後で確認できるよう、録音ボタンを押してからお願いします。

「今日お昼から、東京の日比谷公会堂で、『世界のお友達と仲よくしましょう』という催しが開かれました。これはガーナ大使館と東京都が協力。世界子ども仲よし会が主催するものでこの会ができてから7年になったのをお祝いして行なったものです」

　できましたか？　念のため、もう1回、声に出して伝えてみましょう。録音も忘れずにしてください。

　終わったら、さっそくチェックです。

「世界のお友達と/仲よくしましょう/という/催しが/開かれました」と、「/」の箇所で切ったり、しゃくりあげたりしていなかったでしょうか？

他に「これは/ガーナ大使館と/東京都が/協力」と伝えていなかったかどうか、振り返ってみてください。録音された方はすぐにわかるはずです。

当てはまっていたとしたら、残念ながら、自分の読みやすいリズムで読んでいます。

聞き手にわかってもらおうとするならば、意味で区切って伝えなければなりません。**自分のリズムではなく"意味"で伝える**のです。

すると、「世界のお友達と仲よくしましょうという催しが開かれました」とひと息で伝えるようになる。

ガーナ大使館と東京都が協力したのだから、ガーナ大使館と東京都は並列で同等、ひと括りなのだとわかり、「これは/ガーナ大使館と東京都が協力」となるのです。

文字で説明するとわかりにくいかもしれませんが、ポイントは**息継ぎをしたいときにしたり、「が」や「と」などの助詞きっかけで切ったり、しゃくったりしないこと**です。

助詞で切ると読みやすいので、ついそうしてしまうのですね。ダメだとわかっていても、長年の習慣で染みついてしまったリズムはそう簡単には直せません。ほとんどの人がそう読みます。

でも、本書を手にしたあなたには、今日から意味で伝えるリズムを強く意識して欲しいのです。

手元にある新聞でも本でも何でもいいので、2、3行書かれた内容を目の前の相手に伝えるように声に出してみましょう。こうした訓練を続けていくと、普段の話し方もわかりやすくなってくるので効果的です。

　くどいようですが、決して自分のリズムで話さない。聞き手に正しく意味が伝わるリズムで話すことが大切なのです。

> **POINT**
> 意味のある言葉をひと括りにして息継ぎする。「が」や「と」などの助詞で区切らない。

「聞きやすさ」を追求する　　　　　　　　　　　CHECK! ☐

語尾のヒゲを剃る

　リズム以外にも、気になった箇所を１つ１つ改善しましょう。
　癖の中でも特に目立つのが「語尾のヒゲ」です。
「となりますので、え〜」「ぜひやっていただきたいと思いますが、あ〜」など、「え〜」や「あ〜」といった部分です。
　録音して気づいた人もいれば、すでに指摘されたことがある人もいるかもしれません。この**語尾のヒゲが聞き手にとっては耳障りで、スムーズな理解を妨げる**のです。

　思い切って、ヒゲを剃りましょう。やることは簡単です。**「え〜」や「あ〜」を言わないだけ**。何か新しい表現を覚えるわけではありません。本当にやることはたった１つ、「え〜」や「あ〜」を言わないだけです。
　でも、これが難しい。いや、難しいなんてものじゃない。やることは簡単なのに、実際には思うようにヒゲが剃れません。意識しても、つい「え〜」や「あ〜」が出てしまう。癖だけに、長年の習慣をパッとは変えられないからです。

🗨 語尾のヒゲを剃るコツ

　少しだけコツをご紹介しましょう。

「え〜」や「あ〜」をつい言ってしまう人は、おそらく、言葉と言葉の間が聞き手にとって不自然に感じられるのでは、という不安があるのだと思います。

いつものヒゲがないのだから、自分で感じるのは当たり前だけど、同じように相手も感じていたとしたら恥ずかしい。だから、無意識の防衛が勝り、「え〜」や「あ〜」でまた埋めてしまうのです。

この繰り返しをなくすには、間違った思い込みをはずすほかありません。

はっきり言います。

あなたが心配するほど、聞き手は不自然に感じていません。不自然どころか普通に聞こえていて、むしろ、わかりやすいなという印象です。録音したものを聴けばすぐにわかります。大丈夫、おかしくありません。自信を持ってそのまま話してください。

1章でお伝えしたゆっくり話すことをはじめから心掛けると、自分が感じる居心地の悪さも徐々に解消されていきます。

いつものスピードが10段階の7であれば6、5であれば4と、**1ポイント落として話しましょう。「え〜」や「あ〜」を取っても、できた間が全体のスピードになじんでいるという感覚が得られます。**

そしてもう1つ、「え〜」や「あ〜」を言いそうになった時、**口の形をそのままに**してください。

閉じる必要はありません。一瞬、時が止まったように感じますが、その間で口からゆっくり息を吸い、次に話すことを落ち着いて考えるのです。

これだけで語尾のヒゲが剃りやすくなり、次の言葉もスムーズに出てきます。

　しかも、その時のあなたは"間"術師になっている。間を制するものが場を制すと言われるように、間によって興味を持たせ、関心を一気に惹きつけることができるのです。
　以前、「クイズ＄ミリオネア」という番組で司会を務めたみのもんたさんは、「ファイナルアンサー？」と言った後に間をつくり、すべての視線、関心を集めてから、「正解！」と声を出していました。
　その間は1秒、2秒ではなく、10秒から20秒あるのが当たり前で、私もテレビの前で釘づけになったものです。
　"間"術師にもなれる一石二鳥の方法ですので、ぜひ、試してみてください。

POINT

まず、ゆっくり話すことを心がける。「え〜」「あ〜」が出そうになったら、口をそのままの形にして、息を吸う。

「聞きやすさ」を追求する

CHECK! ☐

> # 話の印象を決める
> # 語尾にとことん気を配る!

ヒゲはないけど、「思ったんです〜」「でも〜」「やっぱり〜」のように語尾の着地が少し長めの人は注意が必要です。

親近感を覚える範囲ならOKですが、それを超えると幼稚な印象になります。

話し方はもちろん、**その人の印象は語尾で決まる**と言われるほど重要な箇所なので、長めのクセがある人は短くする習慣を早めにつくってください。

毎日3分ほど次のような発声練習をすると効果的です。

ア! エ! イ! ウ! エ! オ! ア! オ!

カ! ケ! キ! ク! ケ! コ! カ! コ!

キャ! ケ! キ! キュ! ケ! キョ! キャ! キョ!

ガ! ゲ! ギ! グ! ゲ! ゴ! ガ! ゴ!

ギャ! ゲ! ギ! ギュ! ゲ! ギョ! ギャ! ギョ!

カ゜! ケ゜! キ゜! ク゜! ケ゜! コ゜! カ゜! コ゜!

キ゜ャ! ケ゜! キ゜! キ゜ュ! ケ゜! キ゜ョ! キ゜ャ! キ゜ョ!

サ! セ! シ! ス! セ! ソ! サ! ソ!

シャ！ シェ！ シ！ シュ！ シェ！ ショ！ シャ！ ショ！
ザ！ ゼ！ ジ！ ズ！ ゼ！ ゾ！ ザ！ ゾ！
ジャ！ ジェ！ ジ！ ジュ！ ジェ！ ジョ！ ジャ！ ジョ！
タ！ テ！ チ！ ツ！ テ！ ト！ タ！ ト！
チャ！ チェ！ チ！ チュ！ チェ！ チョ！ チャ！ チョ！
ダ！ デ！ ヂ！ ヅ！ デ！ ド！ ダ！ ド！
ナ！ ネ！ ニ！ ヌ！ ネ！ ノ！ ナ！ ノ！
ニャ！ ネ！ ニ！ ニュ！ ネ！ ニョ！ ニャ！ ニョ！
ハ！ ヘ！ ヒ！ フ！ ヘ！ ホ！ ハ！ ホ！
ヒャ！ ヘ！ ヒ！ ヒュ！ ヘ！ ヒョ！ ヒャ！ ヒョ！
バ！ ベ！ ビ！ ブ！ ベ！ ボ！ バ！ ボ！
ビャ！ ベ！ ビ！ ビュ！ ベ！ ビョ！ ビャ！ ビョ！
パ！ ペ！ ピ！ プ！ ペ！ ポ！ パ！ ポ！
ピャ！ ペ！ ピ！ ピュ！ ペ！ ピョ！ ピャ！ ピョ！
マ！ メ！ ミ！ ム！ メ！ モ！ マ！ モ！
ミャ！ メ！ ミ！ ミュ！ メ！ ミョ！ ミャ！ ミョ！
ヤ！ エ！ イ！ ユ！ エ！ ヨ！ ヤ！ ヨ！
ラ！ レ！ リ！ ル！ レ！ ロ！ ラ！ ロ！
リャ！ レ！ リ！ リュ！ レ！ リョ！ リャ！ リョ！
ワ！ エ！ イ！ ウ！ エ！ オ！ ワ！ オ！ ン！

　放課後に演劇部の部室からよく聞こえてきた発声練習のフレーズですが、ただ声を出すのではなく、ここでは**短くスタッカートのように切りましょう**。
　わかりやすいように「！」をつけてあります。そこでテンポよ

く短く切って、ア行からワ行まで一気に練習してください。

短く切るという感覚が体に染み込むまで続けて、普段の語尾も「ですっ」「ますっ」と短く着地できるようになればOKです。

🗨 鼻濁音が出せると言葉が美しく聞こえる

テンポよく発声していたら、途中で「？」となった箇所があったかもしれません。おそらく、それは「カ゜」など、右上に○がついている音でしょう。

これは鼻濁音と言って、口腔を使って発音されるのではなく、鼻腔を使ってつくられる音のことです。もっと簡単に言えば鼻に抜ける音で、「ンガ」「ング」「ンゲ」と発音するのに似ています。

日本語には**第二音節以降にガ行音がきたら鼻濁音にする**という基本ルールがあるのです。たとえば、学校のガは濁音で、大学のガは鼻濁音になります。

①学校（ガッコー）　　大学（ダイカ゜ク）
②芸術（ゲイジュツ）　工芸（コウケ゜イ）
④銀行（ギンコー）　　日銀（ニチキ゜ン）
⑤群集（グンシュー）　大群（タイク゜ン）
⑥行列（ギョーレツ）　奉行（ブキ゜ョー）

「ダイガク」より「ダイカ゜ク」と鼻濁音を使ったほうが美しく聞こえるでしょう。正しい日本語で話すと美しい日本語になるのです。

一度ニュースを伝えるアナウンサーのしゃべりをじっくり聞いてみてください。第二音節以降のガ行音は必ず鼻濁音を使っています。

ただし、助詞の「が」はすべて鼻濁音だったり、「キログラム」や「消しゴム」のような外来語は濁音のままだったりなど、例外もあります。すべてを覚えようとすると大変ですが、日常よく使うフレーズだけでも鼻濁音にする意識を持つといいでしょう。
　職場で電話をとった際に
「はい、東京営業所（トウキョウエイキ゜ョウショ）です。私が（カ゜）、○○ですが（カ゜）……」
　と鼻濁音で応対する練習を続けていくと、講演やセミナーで話すときにも言葉が美しく聞こえるようになります。

POINT
語尾は短く切る。第二音節以降にガ行音がきたら鼻濁音にする。普段から練習しておくと、本番の話が美しく聞こえる。

「聞きやすさ」を追求する　　　CHECK! ☐

とにかく「明るい声」を意識する

　言葉で考えや思いを伝えようとすれば、発声の大小、高低、明暗、響き、滑舌も伝達力に大きく影響します。

　普段はあまり気にしていないかもしれませんが、たくさんのお客さんで賑わっている居酒屋でビールを注文するときは、「すみませーん！　生２つ！」と大きく、しかも高い声で伝えるでしょう。

　逆にすいている時は、「すみませーん！」なんて大声はあげずに、店員さんが近づいてきたタイミングで「生２つお願いします」と頼んでいるはずです。声の高さも遠くに呼びかけるよりも低い声ですよね。

　こうした使い分けを多くの人は無意識にしていますが、プロのしゃべり手はとことん意識しています。相手や状況に合わせた、より伝わりやすい声で話しているのです。

　伝達力においてこの差は想像以上に大きく、特に電話など相手が見えない状況では顕著に現われます。

　これが意識してできるようになるには、日々の発声練習が欠かせません。先ほどの練習では短く切ることだけをしてもらいましたが、実は、おさえておくべきポイントが他にもあります。

　それをご紹介する前に、そもそもなぜプロのしゃべり手が発声練習を大事にしているのかを明かさなければなりません。

プロのしゃべり手が発声練習を大事にしている理由

相手にわかりやすいと思われるように話すには、次のポイントを身につけることが前提となります。

①呼吸の正しさ
②発声の正しさ
③発音の正しさ
④アクセントの正しさ
⑤文法上の正しさ
⑥用法の正しさ

この大前提を体に覚えさせるはじめの一歩が発声練習なのです。
私たちが話している日本語は、原則として1文字が1拍になっていて、「わかりやすい」なら「わ」「か」「り」「や」「す」「い」で6拍です。
例外は「シャ」「シュ」「ショ」などの拗音と呼ばれるもので、「出陣」は「シュ」「ツ」「ジ」「ン」で4拍、「客船」も「キャ」「ク」「セ」「ン」で4拍になります。
この拍は全部で111あり、その組み合わせで言葉ができていることから、1つ1つの拍が明瞭な音でないと、言葉がはっきり伝わりません。だからこそ、発声練習が大事なのです。

パソコンにたとえるならば、ウィンドウズのOSのようなもので、基本ソフトがインストールされていて、はじめて他の表現スキルが効果を発揮します。

「正しい言葉で話す」「美しい言葉で話す」「生きた言葉で話す」ことができるようになって、聞き手に伝わるようになるのです。

　ところが、こんな大事なことを小中高と学校では教えてくれません。「話し方」なんて科目はないし、国語の授業でも習った覚えがない。第二音節以降のガ行音を鼻濁音にするなんて、はじめて知ったのではないでしょうか。
　私たちは親や周りの人を真似ることで自然に話せるようになりました。発声練習などしなくても日本語は話せるし、日常生活に支障をきたすほど困っているわけでもない。でも、よりわかりやすく聞き手に伝えられる話力を身につけたいと思ったら、正しい発声練習が必要なのです。毎日、たった３分でかまいません。次に示すポイントを意識してやってみてください。

🗨 発声は大きく、高く、強く、短く、気合で！

　はじめの３つ、「大きく」「高く」「強く」は**明るさを得る**ためです。お通夜で話すなどの例外を除けば、明るい声は聞き手に印象よく伝わります。しかも、遠くまで届く。山頂で暗く「ヤッホー」と言ってもこだましないでしょう。
　明るい声にはそれだけ伝達力があるのです。
　ところが、録音を聴いてみると、自分では暗くしたつもりはないのに、いつもの明るさが感じられなかったのではないでしょうか。普段の声の明るさを10段階で5だとすると、3、4くらいだったかもしれません。実は、**自分が意識している声の明るさと、相手が聞く実際の声の明るさにはズレがある**のです。
　番組に出演されるタレントさんは、元気よくテンション高めに

話されます。一般の人が同席していると、そのエネルギーに圧倒されるようですが、ラジオから聴こえる声の印象は"普通に明るい人"です。浮いた感じはありません。2割増しのテンションでちょうどよくなることを知っているからです。

でも、一般の人が話すと、そうはいかない。いつも通りにしゃべるので、ラジオから聞こえる声の印象は暗い人になるのです。暗い人の話は積極的に聞こうという気持ちにはなりにくく、理解度も下がります。

明るさを意識して話しているかどうかの違いだけですが、そのたった1つの要素が伝達力を左右してしまうのです。

ラジオでは赤ちゃんの泣き声と同じ「ラ」の音階で話してようやく明るい印象になります。聞き手にとっての明るい声は意識しなければ出せません。だからこそ、大きく、高く、強く声を出す練習が必要なのです。

「大きく」「高く」「強く」の3つをおさえれば自然と明るい声になります。

残りの2つ、「短く」はだらしなく聞こえないようにするためで、すでにスタッカートのように声を出す練習をしてもらいました。最後の「気合」は言葉にエネルギーを乗せていくためです。

母音で言葉全体の明るさが決まる

まずはア行から「ア！ エ！ イ！ ウ！ エ！ オ！ ア！ オ！」と1拍ごとにだんだん大きく、高く、強く、短く、気合で声を出してください。

特に「イ」と「ウ」は口の開き方から「ア」「エ」「オ」に比べ

て暗い音になるので、**「ア」の明るさで「イ」「ウ」と声に出していくのがポイント**です。

　母音を明るく発音できれば、言葉全体が明るくなります。日本語では「ン」と、つまる「ッ」を除けば、すべて母音終わりになるからです。

　試しにあなたの目の前にある物の名前を言ってみましょう。

　私も言ってみます。机、ノート、コーヒーカップ、ものさし、パソコン、トランプ、万年筆……パソコン以外はすべて母音終わりでした。語尾で話し方の印象が決まるのは、すでに述べた通りです。

　母音の１拍１拍を大きく、高く、強く、短く、気合で発音し、明るい声にしましょう。

　コツは、それぞれ唇の開き方を正しくすることです。これも学校では教えてくれません。

ア　縦の唇の開きが最大です。指３本、縦に入る高さが正しいのです。試しに「東京特許許可局局員」と言ってみてください。「キョキャキョク……」となってしまう方は、「キョカキョク」の「カ」のところで指３本入るくらい縦に唇を開けば言えるようになります。今までいかに正しい唇の開きで「ア」が言えていなかったかがわかるでしょう。

イ　唇を平らに開き、奥でなく前で発音します。

ウ　唇を中央前に出して発音します。

エ　舌の位置、唇の形ともに「ア」と「イ」の中間になります。

「ア」に寄りすぎるとだらしなく聞こえ、「イ」に寄りすぎるとなまって聞こえるので、バランスに注意しましょう。発音時にお腹の両側、側筋に少し力を入れるときれいに発音できます。

オ　「ア」の時より、唇を中央に少し寄せる感じです。唇はすぼめても、口の中はすぼめず広くして、ふくらみのある音にしましょう。

はじめのうちは鏡の前で練習することをおすすめします。
「ア」は「エ」より縦に大きく開いていることを必ず確認してください。その差がはっきりしていればいるほど、明るくなっていきます。
　母音をマスターしたら、同じようにカ行以降も1拍ごとにだんだん大きく、高く、強く、短く、気合で声を出していきましょう。私はいつも車の中で移動中にマスクをして練習しています。

🗨 プラス響く声で

　最後の仕上げです。あなたの声が説得力を持って伝わるように響きや深み、艶をプラスしていきます。
　腹式呼吸という横隔膜の上下動による呼吸法で声を出しましょう。自分の体が楽器のように響き、美しい声が出せるようになります。
　知識としては知っていても、まだ身につけていない方は次の手順でマスターしてください（すでにできている方は飛ばしてかまいません）。胸式呼吸より声の響き、深み、艶が格段にアップし、

説得力を持って伝わるようになります。

ステップ１　床に仰向けに寝る
ステップ２　口から息を吐ききる
ステップ３　鼻から３秒息を吸う
ステップ４　２秒息をとめる
ステップ５　10秒以上かけて口から「ア～」と声を出す

　やることはたったこれだけです。仰向けに寝ると自然に腹式呼吸になります。息を吸った時にお腹が上に膨らんでいくのが実感できるでしょう。
　その息を吐き出しながら乗せた声が、体全体で響くあなたのもっとも美しい声になります。腹式呼吸で発声できているかどうか自分でわからない方にもおすすめの方法です。

　感覚がつかめたら、起き上がって同じようにステップ２から５までやってください。できたら、その響く声で大きく、高く、強く、短く、気合で発声練習です。目指すゴールは、普段の会話もその響く声でできるようにすること。少しでも近づけるように日々の習慣にしましょう。
　効果が現われるまで２週間もかかりません。練習すればするほど声が磨かれ、言葉を発するだけで説得力を持って伝わるようになります。

POINT

明るい声、響く声には伝達力がある。

伝わる力をさらに高める　　　　　　　　　　　　　　CHECK! ☐

身振り手振りの非言語メッセージを加える

　好印象を与える発音、体に共鳴させた美しい声、その声の高低、大小、明暗、遅速を状況に合わせてコントロールし、意味が伝わるリズムで話していく。

　聞き手はこうした表現の微妙なニュアンスから話されたことの価値観、信憑性までも感じ取り、理解を深めていきますが、さらに表情や仕草などの体が発するメッセージからも細かな情報を得ようとします。

　ここまでの取り組みであなたの言語伝達力は飛躍的にアップしていますが、身振り手振りなどの非言語要素も活用することで、より鮮明にわかりやすく伝わるようになります。

　一番のお手本は、あなたもよく知っているディズニーランドのミッキーマウスです。彼ほど非言語だけで観客との意思疎通ができる表現者はいないでしょう。

　プレゼンや講演でミッキーマウスになれとまでは言いませんが、両手を顔の横で握って「私たちにもできる！」と伝えたり、左右に広げて「ぜひ、やってみましょう」と行動を促したりなど、簡単な身振り手振りをここぞという時に加えてみましょう。

　マジックナンバー3を使う時に指3本示すだけでも、聞き手に強い印象を残せるようになります。

身振り手振りはやりすぎると動作ノイズに映り、かえって聞き手の気を散らしてしまうリスクがあるので、むしろ控え目なくらいの使い方がおすすめです。

　大事な箇所だけ言語にリンクする非言語メッセージを組み合わせて伝えてみましょう。

POINT
ここぞという時に身振り手振りを加える。やりすぎると気を散らしてしまうので、大事な箇所にだけ取り入れる。

5章

聴衆をググッと前のめりにさせる奥の手

釘づけにならざるを得ない

「演出」編

5章の概要

あなたの話に聴衆の多くがウンウンとうなずいている。
「よし、わかってもらえた！」
この実感を持てた時ほどうれしい瞬間はないでしょう。
人前でわかりやすく話せるようになると、声を出すことはもちろん、話すことそのものに自信が持てるようになります。
そして次第に、楽しさやおもしろさも感じてもらえる、うなずくだけでなく前のめりになって夢中にさせられる……そんな話し方を身につけたいと思うようになるでしょう。
この章では、あなたの話に釘づけにさせるための奥の手をご紹介していきます。
どれか1つでも真似してみてください。きっと、その効果に驚くはずです。

演出の基本　　　　　　　　　　　　　　　　　　CHECK! ☐

聞き手が前のめりになるほど惹きつけるには？

🗨 「エンターテイナー」であるとイメージする

　プレゼンテーションをはじめ、講演や講義をおもしろいと思わせるには、あなた自身が**単なるスピーカーではなく、エンターテイナーなんだと、今ここでセルフイメージを変えてしまうこと**が大切です。

　私は聴衆を楽しませ、もてなし、話が終わった後に1人1人の心の中に変化をもたらすことができるエンターテイナーだと決めるのです。もし、どうしても思い込めないという方は、エンターテイナーになりつつある現在進行形でもかまいません。これなら嘘はないでしょう。

　いずれにせよ、自分にそうした1つの役を与え、エンターテイナーを演じることそのものが、エンターテイナーになる第一歩なのです。決して精神論を述べているのではありません。これからご紹介するテクニック（Do）はすべて、エンターテイナーとしてのあり方（Be）があってこそ効果を発揮するからです。
　もし、そのあり方がなければ、テクニックだけが浮いてしまう。

一貫性が失われ、伝えたいメッセージがぼやけてしまうのです。

　私は単なるスピーカーではない。聴衆を楽しませ、もてなし、話が終わった後には１人１人の心の中に変化をもたらすことができるエンターテイナーだ……こう何度も心の中で繰り返し、そのように振る舞うことからスタートしましょう。

　あなたのあり方が変われば、出てくる言葉も自然と変わり、それだけでも楽しい、おもしろいと感じてもらえるようになります。

「２×２のコミュニケーション」が鍵

　目の前の聞き手を、うなずくだけでなく、前のめりにさせるほど惹きつけるには、「２×２のコミュニケーション」を積極的に仕掛けていくアイデアが必要になります。２×２のコミュニケーションとは１章でご紹介した伝達経路３つのうち、２つをたすき掛けで行なう次のようなコミュニケーションです。

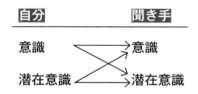

　こう示すと難しく感じるかもしれませんが、普段、私たちがやっているコミュニケーションと何ら変わりありません。

　たとえば、取引先に仕事のミスを謝ったとします。「申し訳ありませんでした」と伝えるでしょう。でも、相手は許してくれない。なぜでしょうか。

　言っている言葉と態度が矛盾している、相手の潜在意識がそう

キャッチするからです。最後には「わかりました」と謝罪を受け入れたとしても、それは言葉のやりとりだけで、お互いの潜在意識が仲直りしていなければ、モヤモヤはずっと残ります。

このように私たちは**意識でわかる言葉のやりとりだけでなく、意識ではわからない非言語のやりとりもしている**のです。

謝罪の言葉を口にしながら、わざと貧乏ゆすりをする人はいないでしょう。怒らせてはいけないと頭ではわかっている。でも、イライラしている自分を潜在意識が素直に伝えてしまうのですね。潜在意識は言葉以外で気持ちを表現し、相手はそれを感じとる。

「おもしろい」も一緒です。「おもしろい」はわかるものではありません。感じるものです。感じるものだからこそ、手をたたいたり、前のめりになったりもする。いつのまにか言葉以外で表現している……その状態が「おもしろい」なのです。ググっと惹きつけるには、この現象を引き起こさなければなりません。

いかにして聞き手の潜在意識におもしろさを伝えていくか？ここで2×2のコミュニケーションを意図的に仕掛けていくアイデアが必要になるのです。

> **POINT**
> 「おもしろい」はわかるものではなく、感じるもの。聞き手の潜在意識に意図的に働きかける必要がある。

非言語で前のめりにさせる　　　　　　　　　CHECK! □

情報ではなく体験を与える

　さぁ、聞き手の潜在意識におもしろさを伝えていくための2×2のコミュニケーションのアイデアを一緒に考えていきましょう。潜在意識の流儀にのっとれば、おのずと浮かんできます。

　たとえば、ジェットコースターのおもしろさを言葉以外で伝えていくとしたら、どんな方法が考えられますか？

　このような質問だと、一発で思いつくでしょう。ジェットコースターそのものに乗せればいい —— その通りです。実際にジェットコースターに乗せて体験させればいいのです。

　あなたが話すときも一緒です。**聞き手に情報を与えるのではなく、体験を与える**のです。何か体験すれば五感が働き、潜在意識はそこからおもしろさ、楽しさを感じます。

　言葉で伝えるだけでなく、話すテーマに合わせた体験ができないかを考えてみましょう。

　私がセミナーで実際にしている例をご紹介します。

🗨❶ 観察力の大切さを伝えたい時

　私のセミナーはコミュニケーションがテーマなので、観察力の大切さを説く機会が少なくありません。そこで相手の表情や態度はもちろん、持ち物や着ている服にも意識を向かせるようにします。

だから参加者には、最後に次のような体験をしてもらいます。
「さて、皆さん、私が着ていたシャツは何色でしたか？」
　こう言ったとたん、ほぼ全員が一瞬固まります。
　そして徐々にザワザワしはじめて、「着ていたシャツって……今着ているシャツじゃないの？」「ん？　たしか、グリーンだったような……でも今着ているのはオレンジだし……アレレ!?」という声が聞こえてくる。

　このタイミングを狙って、次のように伝えます。
「皆さん、不思議がっているようですが、ぜひ後で、最初に撮った集合写真をご覧ください。それを見ればすぐにわかります。今日のセミナーで一番伝えたかったこと……目に見える変化に気づけなければ、目に見えない相手の心などわかるはずがない、ということです。家に帰ったら、まずは『おととい着ていたグリーンのシャツも似合うけど、今日のチェック柄も素敵だね』と奥様を褒めてください。きっと明日から、おかずが一品増えると思いますよ。ありがとうございました」

　シャツをこっそり着替えておくだけで、観察力の大切さを体験してもらえます。

❷ シンクロニシティや集合的無意識を説明する時

　私たちは、個々であっても必ずどこかでつながっているという感覚をその場で体験してもらうために、次のようなパフォーマンスをします。

「ここで、ちょっとした奇跡を皆で起こしてみましょう。
　左の手のひらを顔に向けてください。向けたら、人差し指を右手でつまんでください。
　つまんだら、そこから自分の名前の数だけ左右どちらか好きなほうの指に右手を動かしてください。
　皆さん、名前が違いますから、今押さえている指も当然バラバラですよね。
　親指の人もいれば、小指の人もいる。では、もう一度、名前の数だけそこから動かしてください。
　左右どちらでもいいです。できましたか？
　最後に、今日は２日なので右に２つだけ動かしましょう。
　今押さえている指を皆さん、せーので言ってください。せーの！（薬指！）
　実験は成功しましたね。ありがとうございます」

　もちろん、これは本当の奇跡ではなく、数理トリックを使った演出ですが、次のセリフを言って終えることで、大事なメッセージが伝わるのです。

「名前がバラバラでも、押さえた指が一緒だったという、ほんの小さなシンクロ体験でしたが、私たちの心の中も同じように、別々に見えて、必ずどこかでつながっている部分があります。だから、あの人、元気にしてるかなぁって思っていると、その人からメールが届いたりするんですね。今日２日の日に皆さんがここに集まったのも、意味のある偶然の一致かもしれません」

❸ 緊張を和らげるノウハウを伝えたい時

　緊張を和らげるのに必要なのはイメージ力です。26ページで述べた通り、心と体を大きくするイメージができると緊張が和らぎます。そのイメージ力を印象づけるために、私はフォーク曲げをすることがあります。フォークの先端や柄の部分が曲がっていくのを参加者に目の前で見てもらうのです。

「緊張を和らげるにはどうしたよいか？
　たとえば、ユリ・ゲラーとか超能力者とか霊能力者はよく、ふったり、こすったりして、フォークとかスプーンとかを曲げるんですけど、私は、さわらずに、曲がると頭にイメージするだけで曲げていきます。こんな風に……どうです？　少しずつ形が……変わってきたのがわかりますよね。
　イメージしたものが現実になる。これは本当のことなんです。なぜなら、頭の中でイメージしたことにより、その信号がフォークを乗せた手のひらの筋肉に伝わり、わずかだけど押し上げた。つまり、目の錯覚で柄が曲がったように見えたんですね。
　こう言うと、実際は曲がっていないじゃいかと思うかもしれませんが、大事なのは、イメージしただけで体がそうなるように自然と動いた、表現したということです。
　緊張を和らげる方法も、実は、このフォーク曲げと一緒なんですね。あるイメージをするだけで、心と体の緊張がほぐれるようになります」

直接テーマと関係のないフォーク曲げを見せるのがポイントで

す。参加者は不意をつかれ、次の瞬間には自然と前のめりになっている。不思議な体験をすれば、誰でも好奇心をかき立てられるでしょう。

　しかも、同じことがあなたにもできる、フォーク曲げも緊張を和らげる方法も一緒なんだと聞けば、がぜん、釘づけになってしまうのです。

　私にとってフォークは、もはやパスタを巻き取るものではなく、イメージ力を体験させるのに欠かせないアイテムとなりましたが、万一、忘れた時は５円玉に糸を通した振り子を使います。
「左右に揺れるとイメージしてください」と指示すると、徐々に揺れ出すので、同じようにイメージ力を実感してもらえるのです。

　どちらの体験も参加者に驚きを与えて心を開かせます。潜在意識に直接伝わるため、大事なポイントを深く印象づけることができるのです。

> **POINT**
> 言葉で伝えるだけでなく、話すテーマに合わせた体験をしてもらおう。体験すれば五感が働き、潜在意識がおもしろさを感じる。

非言語で前のめりにさせる　　　　　　　　　　CHECK! ☐

誰でも実践できる
カンタン体験アイデア

💬 開始15分以内に聴衆の誰かを前に呼ぶ

　情報を与えるのではなく、体験を与えるようにする……何となくイメージがつかめたでしょうか。今すぐ真似できそうだと思った方もいれば、自分が話すテーマでは使えない、聞き手を夢中にさせるほどの体験アイデアが見つからないと感じた方もいるかもしれません。

　たしかに、創造力が試されるテクニックではありますが、**与える体験はごくごく小さなものでもいい**のです。

　たとえば、聴衆の誰かを前に呼ぶだけでもいい。

　実は、開始15分以内に、聴衆の1人を自分の側に立たせることができると、聞き手と話し手の境界線がなくなり、好意的に話を聞いてもらえるようになるのです。

　しかも、境界線が消えて1つの輪になった"私たち"という場を全員で体験することにもなる。前に誰かを呼ぶのは一石二鳥の優れた演出なのです。

　先ほどのフォーク曲げで取り上げたテーマでやると、次のような感じです。

「正直、人前に立つと緊張してしまうという方、手をあげていただけますか？　あ〜、けっこういらっしゃいますね。
　では、そちらのベージュのブラウスがお似合いの女性の方、ちょっと前にお越しいただけますか？　大丈夫です。噛みついたりしませんから（笑）。ありがとうございます。どうぞ、こちらにお越しください。お名前を教えてください」
「田中です」
「田中さん、いきなり前に呼び出されて、緊張していますよね」
「は、はい」
「大丈夫です。噛みついたりしませんから（笑）。今日は35名いらしているので、2対34ですけど、私がついています。これからその緊張を和らげていきますので、一緒にがんばりましょう。私の声だけを聞いて、言う通りにしてください」

　道具も特殊な技能も一切いりません。田中さんに自分の体を大きくするイメージをしてもらうだけです。
　前に呼ぶきっかけさえつくればできるので、フォーク曲げよりも簡単ですし、「田中さん、ガンバレ！」という一体感まで生み出せます。
　この方法なら、あなたが話すテーマにもすぐに応用できるでしょう。

　生命保険がテーマなら、「120歳まで生きたい人は手をあげてください。アレ？　いませんね〜。では、100歳まで生きたい人は？」などと言って、手があがった人の中から1人を招き、「長生きするにはどんなことが必要でしょう？」「貯蓄と保障のどちらを重視しますか？」とインタビューしてみるのもいい。

ダイエットがテーマなら、「私はもう、運動は苦手、キライという方、手をあげていただけますか？」と言って、同じように手があがった人の中から1人を招き、「運動嫌いの人でも続けられる、とっても簡単なエクササイズをお教えします。私の真似をしてください」と一緒にデモンストレーションするのもいいでしょう。

　他にもホワイトボードに書くことが多いテーマなら、聴衆の1人をアシスタントに招いて、代わりに書いてもらうのもおすすめです。
　とにかく、きっかけは何でもかまいません。前に呼んでしまえばいい。開始15分以内にできれば、聞き手と話し手の境界線がなくなって、よりベストな状態で話せるようにもなる。聴衆の誰かを前に呼ぶのは、体験を与えるもっとも簡単な方法です。

🗨 クイズを出す

　もう1つ、体験アイデアが思いつかない時の奥の手があります。ちょっとしたクイズ大会にしてしまう方法です。あらかじめ賞品とテーマに関連した問題をいくつか用意しておくだけでいいので、前に誰かを呼ぶのと同様、簡単にできます。

　私の場合、こんな問題を出しています。
「では、ここでクイズを出しましょう。今から読みあげる原稿の中に間違った日本語の使い方があります。わかった方は手をあげて、それを正しく言い換えてください。最初に正解した方には、豪華賞品をプレゼント致します。今日は私、自腹で用意しました。

ある有名湯どころの温泉ペアです！」

と言って、最後に登別温泉の入浴剤を2つプレゼントして終えるというオチで盛り上げています。

豪華な賞品ほど注目を得られますが、私のようにジョークにするのもおすすめですし、テーマに関連した安価なものでもいいでしょう。問題はあまり難しくせず、聞き手が積極的に参加してくれるような難易度に調整してください。

グループごとに相談できたり、答えやすい○×形式にしたりすると、より多くの人が体験できるようになります。

> **POINT**
> 「与える体験」は、「聴衆の誰かを前に呼ぶ」「簡単なクイズを出題する」など、ごく小さなものでもいい。

非言語で前のめりにさせる　　　　　　　　　　CHECK! ☐

体験と伝えたいメッセージに ブリッジをかける

　フォークを曲げるのも、誰かを前に呼ぶのも、あるいはクイズ大会をするのも、すべては体験を通じて必要なメッセージを届けるためです。

　あなたが講演でもっとも伝えたいことは何でしょう？

　セミナーを終えた時に聞き手に、どんなメッセージを印象づけたいですか？

　仮にそのメッセージをAとし、体験をBとしたら、AとBの間にブリッジをかけることが大切です。

A：緊張を和らげるコツはイメージ力
B：フォーク曲げ
ブリッジ：緊張を和らげるのもフォーク曲げと一緒

　AからBを見つけてブリッジをかけるのは創造力が試されますが、逆にBからAを見つけてブリッジをかけるのはそれほど難しくはありません。

　私は何かおもしろい体験をしたら、そこから伝えられるメッセージをいくつも考え、ノートに書き出すことを習慣にしています。

　フォーク曲げであれば、「イメージ力」以外にも、「思い込み」

と書いてあります。つまり、何か思い込みに関して話す機会があれば、フォーク曲げの体験が活かせるのです。

ここでメッセージの書き出しとブリッジの練習を、「首振りドラゴン」を使ってやってみましょう。

🗨 「首振りドラゴン」からメッセージを書き出す

首振りドラゴンとは、どこから見ても首を振りながら、こちらを見つめ続けるペーパークラフトのドラゴンのことです。

GoogleやYouTubeで「首振りドラゴン」と検索すると、首を振る様子を確認できるので、まずはご覧ください。はじめて見た方は「え？ なんで？」と必ず不思議がります。

テンプレートをダウンロードして、実際に印刷してつくってみるといいでしょう。はさみとのりがあれば、10分で完成します。できたら、さっそく、その首振りドラゴンから伝えられそうなメッセージを書き出して欲しいのです。

私のセミナーで練習した時は、「不可能はない」「物事には表と裏がある」「境界線を意識する」「思い込みを外す」「紙1枚でも驚きを与えられる」「常に見られている」「常に見続ける」「工夫が大切」などをはじめとして、他にもたくさ

んのメッセージが出てきました。

体験からメッセージを抽出するコツは、**全体の印象や仕組み、現象そのものを、あらゆる表現で言葉にすること**です。

100人いれば100通りの感じ方があります。人生の教訓となるような素敵なメッセージが見つかるかもしれません。

そうやって抽出した中に、あなたが話すテーマのポイントと重なるものがあれば、首振りドラゴンを使って伝えることができます。セミナーに参加された土地家屋調査士の方は「境界線を意識する」というメッセージを見つけて、次のようにブリッジをかけました。

「このドラゴンにも首を振り続ける境界線がある。皆さんの土地もそれと一緒で、錯覚や思い込みじゃない、本当の境界線があります。私はその正しい境界線をお客様に示しているのです」

自分の仕事内容をわかりやすく説明した素晴らしいブリッジです。

あなたも練習をして、体験メッセージの間にブリッジをかけるコツをつかんでください。首振りドラゴンだけでもたくさんのアイデアが浮かんでくるはずです。

> **POINT**
>
> おもしろい「体験」をしたら、伝えられる「メッセージ」を考えることを習慣にして、「ブリッジ」をかけられるようになろう。

言語で前のめりにさせる

CHECK! □

5分に1回笑いの要素を入れる

　非言語で伝えたいメッセージをいかに表現できるかが前のめりにさせるカギであり、その具体的な手法をご紹介してきました。さらに言語で前のめりにさせる表現もできれば、聞き手はもう、あなたの話に夢中にならざるを得なくなります。

　体験を与えられるようになったら、しゃべりだけでもおもしろいと思わせることができるように、少しずつ笑いのセンスを磨いていきましょう。

　もちろん、ここで言う笑いのセンスとは、お笑い芸人さんのように、どっかんどっかん、次から次へと笑いを起こしていくセンスではありません。あくまでも、30分の講演や60分のセミナーで適度に笑いを挟んでいけるセンスのことです。

　私がこれまでの経験からつかんだ感覚で言えば、小さな笑いでも5分に1回程度挟んでいけるといいでしょう。緊張させたら次はリラックス、また緊張させて、またリラックスと、何度もこのサイクルを繰り返すことで、聞き手をこちらの世界に引き込んでいけるからです。明るさとユーモアのある人は、すでに自然とできているかもしれません。

　苦手な方は、次にご紹介する3つの基本技さえ覚えれば大丈夫です。誰でも簡単に笑いを起こせるようになります。

基本その1　お葬式理論を使う

　お葬式理論とは、笑いを起こす基本とも呼ばれている理論で、緊張状態から緩和された時に笑いが起きるというものです。

　お焼香中に誰かがカクンとこけたら、もう、それだけで笑ってしまうでしょう。喪主の挨拶でマイクに頭がぶつかったりなんかしたら、それこそ大変です。緊張の糸が一気に切れて、思わず吹き出してしまう。お坊さんの説教中に水戸黄門の着信音が鳴った時もそうでした。「携帯の電源ぐらい切っておけよ」という怒りより、気が緩んで、笑いが止まらないのです。

　このように**緊張と緩和によるギャップが生まれた時に笑いが起きる**のです。話をする時も一緒で、**このようなギャップを意図的につくれば、笑いを簡単に起こせる**ようになります。

　では、具体的にどうすればよいか。

　笑わすのが苦手な人は、無理に笑わそうとしなくていい。むしろ、NHKのアナウンサーのような真面目な感じで話をするのです。そうして最初に緊張状態をつくっておけば、箸が転んだだけでも笑いが起きてしまう。普段ならウケないダジャレでも笑ってくれるのです。私はよく講演の冒頭で次のように話します。

「私、普段は観客のいないスタジオの中でマイクの前に座っているんですけど、今日は、こんなにたくさんの……容赦のない好奇心の視線の中、この場に立っております。今の私の気持ちは………**ドキドキ縄文式土器**です。人前でしゃべるってほんとにつらいですね」

文字にすると、思いっきりスベりそうなオープニングでしょう。でも、実際はこの程度でも笑いが起きるのです。**真面目な感じで話しはじめて、最初に緊張状態をつくっているからです。**

　野球でたとえるなら、130キロのボールでも150キロに見えるように、最初にスローボールを投げておくようなものでしょうか。

　ですから、お葬式理論を使う時に絶対にやってはいけないのが、先に速いボールを見せることです。

　オチの前に自分が笑ってしまったり、「これ、すごくおもしろいんですよ」と言ってしまったりすると、ハードルが上がって、ギャップがつくれないからです。笑わせたい時は、その雰囲気を気づかれてはいけません。直前まで緊張状態を保つようにしてください。

　私には残念ながらお笑いのセンスがないので、いつもこのお葬式理論を使って笑いを生み出すようにしています。

🗨基本その2　恥ずかしい話をする

　小学生を1秒で笑わせろと言われたら、迷わずこう言います。
「うんこ〜！　うんこ〜！」

　いきなり、下品なたとえで申し訳ありません。でも、「うんこ」と言われたら、大人だって笑ってしまう人がいるでしょう。

　人は恥ずかしいものを目にしたり、耳にしたり、触ったり、恥ずかしい状況を頭の中にイメージしたりすると、反射的に笑ってしまうからです。試しに次の文章を声に出してみてください。
「予約していたうんこを取りに来ました」

　笑いましたよね、ほんのわずかでも。大ヒットした『うんこ漢字ドリル』の例文です。

もちろん、うんこは極端な例であって、品位が疑われるような言葉は使えません。実際の講演やセミナーでは、同じような心理が働く、**ちょっとした恥ずかしいエピソードを入れていく**のです。

　たとえば「私、一度だけ女性から誘われたことがあるんです。会社の同僚なんですけど、飲んでいるときに『私とつきあいたい？』って聞かれて、思わず『ハイ』って言ったら、ビリヤードのことでした。こういう勘違いが私の人生には本当に多いんですね」と話せば、すぐに笑いがとれます。聞き手を観察していると、「女性から誘われたことがあるんです」の時点で、顔の筋肉が緩んでいます。**恥ずかしさをイメージした瞬間にスイッチが入るから**です。

　このように、笑いが欲しいときには自身の恥ずかしいエピソードを積極的に挟んでいきましょう。仕事で失敗した話、プライベートで恥をかいた話など、下品にならなければ何でもかまいません。ラジオ番組に投稿できるくらいがちょうどいいでしょう。

基本その3　天丼を使う

　人と話していてワッと盛り上がったり、体験を共有している中でインパクトのある出来事があったりしたら、それを覚えておいて、後でもう一度繰り返す、もしくは関連づけたりすることをお笑い用語で「天丼」と言います。言葉は知らなくても、自然に使っていることが多いでしょう。

　たとえば、先ほどの恥ずかしい話をした時に「ビリヤードのことでした」で笑いが起きたとします。そうしたら、忘れた頃に

「皆でゲームをするのが大好きなんですよ……ビリヤード以外はね」と言うだけで、また笑いが起きるのです。

　三谷幸喜監督の映画「ステキな金縛り」がニューヨークで上映された時の舞台挨拶が秀逸なのでご紹介します。出演者が「天丼」を効果的に使っていたケースです。

三谷　「皆さん、こんばんは。私が三谷幸喜です。私はこの映画の脚本家であり、演出家であり、そして、ラストサムライです」
木下　「私はこの映画の出演俳優であり、私こそが、ラストサムライです」
深津　「私はこの映画に出演した女優です。話題は変わりますが、私が、ラストサムライです」

　笑ってしまいますよね。あなたと同じ、ラストサムライでアメリカ人は大爆笑です。

　セミナーや講演でも、この天丼を意識して使うことで確実に笑いの数が増えていきます。最初に笑いが起きたら、必ずその言葉や出来事を覚えておきましょう。繰り返すたびに笑いがとれます。

　仮にウケなかったとしても、聞き手は気づかずに素通りするだけなので、失敗を恐れる心配はいりません。笑わせるのが苦手な人でも安心して試せる優れたテクニックです。

POINT

「緊張 - リラックス」のサイクルを繰り返すことで、聞き手をこちらの世界に引き込める。

ツールで前のめりにさせる　　　　　　　　　　　CHECK! ☐

聞き手の意識を
1ヶ所に固定させる

　スクリーンを設置してパワーポイントを見せながら話す機会もあるでしょう。

　特にプレゼンの場ではこのスタイルが一般的かと思いますが、私自身はホワイトボードのみで話すことが多いので、MacBookをカッコよく操作しているプレゼンターを見ると憧れてしまいます。うまく使えば、聞き手の理解を深められるのは間違いありません。

　その一方で、まったく逆効果となるリスクも潜んでいます。==プレゼンターを見たり、スクリーンの文字を追ったり、手元の資料を読んだりと、意識の先があちこちに飛んでしまうことも多々ある==のです。

　これは聞き手にとってかなりの負担です。理解の妨げにもなってしまう。ググっと惹きつけたいと思ったら、==意識を1ヶ所に固定させる工夫==が必要になります。

　たとえば、今、あなたは私の言葉に意識を向けているので、足の裏の感覚がわかりません。言われてはじめて、「暖かい」とか「固い」とか感じたでしょう。意識の先を足の裏にチェンジしたからです。

　意識は潜在意識と違って複数のことを同時に処理できないため、

足の裏の感覚を知るには、一瞬でも足の裏に意識を向けなければなりません。つまり、この意識の先が増えてくると、次々にチェンジさせていく他なく、集中できなくなるのです。

講演でスライドを使うならば、あまり文字は入れずに画像だけにしたり、周りを暗くしたりして、スライド1点に意識を向けさせるといいでしょう。案内も「スクリーンをご覧ください」ではなく、「資料は伏せて、ここから先は前方スクリーンだけをご覧ください」という、細かな配慮が必要です。

こうした工夫は、相手に強い影響を与えようとする場面では必ず使われています。客席を暗くして演者にスポットライトを当てるコンサートの演出もそうですし、ローソクの光を見つめさせる宗教の儀式もそうです。

意識が1つに固定されると、その間は何のチェックも働きません。入ってくるものをそのまま受け入れてしまうようになる。そのことに気づいていないのは足の裏で体験した通りでしょう。

普通に教えを説くよりも、ローソクの光をじっと見つめさせながら説くほうが言葉に影響力があるのです。

視覚だけじゃない！五感のいずれかに意識を固定せよ

意識の固定先は視覚に限りません。聴覚はもちろん、触覚、味覚、嗅覚のどの感覚に対してもできます。

たとえば、部下を励ますなら、声をかける前に背中に手を添えてみてください。意識を触覚に固定してから、「大丈夫。うまくいくよ」と言ったほうが、スゥーっと言葉が入ります。

固定先は背中以外でもかまいません。政治家の方はよく握手をして、かわす言葉に影響力を持たせています。セクハラにならない間柄であれば、ハグがもっとも効果的でしょう。

　以前、知人が「ネガティブな思い込みを外して、人生をワクワク過ごせるようにする」というセッションをしていました。受けた相談者は必ず不安が消えたと言います。はじめはインチキ臭いなと感じていましたが、実際にその様子を拝見した私は、なるほどと思いました。「思い込みを外しますよ」と言う時に相談者の手に触れていたのです。しっかりと意識の固定をしてから言葉をかけていたので、これは理に適った方法だと納得したものです。

　あなたの言葉に影響力をもたらすこのテクニックは、相手の心に隙間をつくり、知らぬ間に入り込む方法とも言えます。正しく使うことを前提にご紹介したのは言うまでもありません。

　意識の先は視線でコントロールすることも可能です。あなたが手元の資料を見れば、聞き手も手元の資料を見ますし、指先を見れば指先を見る。スクリーンを見れば、同じように聞き手もスクリーンに視線を向けるようになります。
　他にも、ほんのりアロマの香りを漂わせて話すのも効果的です。
　五感のいずれかに意識を固定させて、あなたの影響力を高めてください。

> **POINT**
> 意識が1点に固定されると、入ってくるものをそのまま受け入れるようになる。五感のいずれかに意識を固定させよう。

テーマ設定・構成で前のめりにさせる　　CHECK! ☐

欲・悩みにからめる。
3対7の比率で話す

💬 5つの欲、悩みにからめる

いつの時代も人が興味、関心を持つテーマは「異性」「仕事」「家庭」「健康」「お金」の5つと決まっています。雑誌の占いコーナーを読めば、必ずこのどれかに当てはまるでしょう。

スマホやパソコンを見ていてついクリックしてしまうのも、「○○ダイエット」や芸能人の異性問題、「ラクして毎月100万円」といった記事かもしれません

こうした**誰もが興味を持つ5つの欲や悩みに対して、あなたの話を少しでも関連づけることができれば、聞き手を惹きつけることができます。**

私はセミナーで発声練習の説明をする時に、「実は、この練習を1日10分するだけでお腹が引き締まるダイエットにもなるんですよ」と言います。すると、急に目を大きくあけて興味津々になるのです。女性は特にそうです。

お金にからめるなら、「実は、コミュニケーション術を学ぶと年収が2倍になるという調査結果があるんですよ」と話します。

もちろん、嘘をついてまで何でも都合よくからめるのはご法度ですが、ちょっとでも実績があれば、異性、仕事、家庭、健康、お金のいずれかに関連づけて話すことで、眠そうにしていた聞き手を再びあなたの世界に引き込むことができます。

7割は「何となく」を取り上げる

　プレゼンでもセミナーでも、聞き手の多くは知らなかったことを知りたくて参加しています。知っている話が多いと、前のめりにさせることはできません。しかし、**知らない話ばかりでも聞き手の思考に負担がかかり、ググッと惹きつけることができない**のです。

　私は参加者のアンケートを見るまで、このバランスの重要性にまったく気づきませんでした。
　誰もが知らないノウハウや理論でいっぱいのセミナーをすれば、喜ばれると信じていたのです。
　でも実際は逆で、「難しい」「詰め込みすぎ」「わかりにくかった」という感想が多くなります。好奇心が刺激されて積極的な傾聴姿勢になるのは最初だけ。学校の授業でも覚えることだらけの学びが続くと、途中で休みたくなったでしょう。
　常に集中状態だと単純に疲れてくるのです。これは伝え方の改善だけではカバーできません。

　試行錯誤の末にたどり着いた答えは、**提供するコンテンツを3対7の比率で話すこと**でした。
　はじめて覚えるような言葉、ノウハウ、理論などは全体の3割

程度にして、大事なポイントがより印象に残るようにします。

そして残りの7割は、何となく知っていることを明確にしたり、違う視点で話したりする。

この"何となく"というのが鍵で、**聞き手がそう感じている内容をうまく取り上げて話していくと、満足度が高まる**のです。

私が話すテーマで1つ例をあげれば、「メラビアンの法則」があります。ビジネスパーソンなら一度は耳にしたことがあるでしょう。

知らないという方も、人の第一印象は「言語情報が7％、聴覚情報が38％、視覚情報が55％」というような話をどこかで聞いたことがあるのではないでしょうか。アメリカの心理学者アルバート・メラビアンが非言語コミュニケーションの重要性を説いた法則ですが、残念ながら、間違って引用されていたり、拡大解釈されていたりするケースが多いのです。

「言語や聴覚よりも、視覚情報が大事！」「見た目の印象が一番大切！」なのではありません。

正しくは、人は話している内容と表情、声のトーンに矛盾を感じると、55％の割合で表情などの視覚情報を優先するという法則なのです。

口では好意的なことを言っていても、顔の表情に嫌悪が表われていたら、言葉通りには受け取らないでしょう。つまり、矛盾したメッセージが発せられた時に限って、話の内容よりも見た目の印象が重要だと言えるのです。

言語情報、聴覚情報そのものの重要度が低いわけではないのですね。

このように、何となく知っていただけで本当のところはよくわかっていなかったというレベルの話をしていくと、**聞き手はすでにある知識をベースに補っていくだけなので話に入りやすい**のです。
　しかも「今まであやふやだったことがはっきりしました。参加してよかったです」という感想までいただける。すでに知っている内容を別の視点で話した場合も同様です。

　はじめて耳にするような話は３割程度におさえて、残りの７割は何となく知っている話を明確にしたり、違う視点で話してみてください。聞き手の満足度が高まり、最後まで惹きつけることができます。

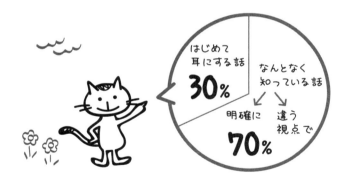

POINT

「５つの欲」にからめたテーマで、全体の７割は何となく知っている話を取り上げる、これで聞き手の満足度がグンと高まる。

言語で前のめりにさせる　　　　　　　　　　　CHECK! □

話の中にエッジを効かせる

「コミュニケーションというのは、相手の胸中を推し量るやさしさがあるとうまくいきますよね。時計を見たら深夜０時を過ぎていたので、そろそろおつもりにしようって言ったんです」

これはセミナーで話したひとコマですが、どこか「ん？」となった箇所はないでしょうか。
「おつもりって何だろう？」とひっかかったはずです。そうだとしたら、一瞬でも、あなたを振り向かせて印象づけることができました。
おつもりとは、最後の一杯にしようという意味です。私自身は好んで使っていますが、周りで口にしている人はなかなかいません。
　こうした**耳慣れない表現やフレーズを話の中にほんの少しだけちりばめていくと、流れにアクセントがついて、聞き手を振り向かせることができる**のです。

しゃべりの世界では「エッジを効かせる」と言います。スキーの板と一緒です。途中でキュッ！　キュ！　と曲がったり、止まったりすることでメリハリが生まれ、その後の話も新鮮に聞いてもらえるようになるのです。

エッジを効かせるには、候補となる言葉の引き出しが必要ですが、ボキャブラリーに自信のない方は、テレビや新聞、雑誌はもちろん、誰かが口にしたエッジ表現をチェックしておいて、それを日常会話の中で使っていく習慣を持つといいでしょう。

　私がこの原稿を書いている週にもちょうど１つ、耳慣れない表現に出会いました。「いつも、こすけた感じがするんだよ」と友人が雑談で話していたのです。
　「こすけた」なんて聞いたことがない。思わず意味を問うと、「ひねくれた」というニュアンスの北海道の方言だったのです。「アイツ、ひねくれているよなぁ」よりも、「アイツ、こすけているよなぁ」のほうが響きが新鮮で、何となく笑いも起きそうな気がしませんか？
　十分エッジが効くと思い、チャンスがあればセミナーや講演で使ってみたい言葉のストックになりました。
　このように故郷の方言からも見つけることができます。

　他にも書店に行けば、粋な表現ばかりを集めた文庫本や、大人の語彙力を試すビジネス本が並んでいるので、そうした書籍からもエッジ表現が見つかるでしょう。

　旬を捉えて流行りの言葉を挟んでいくのもいい手ですし、逆に古い言葉でも新鮮に聞こえたら候補になり得ます。
　たとえば、「ハンサム」なんて今どき誰も使っていないですよね。口にするのも恥ずかしいかもしれません。でも、だからこそ「イケメン」の代わりに使えば、エッジとなる可能性があるのです。

話が一本調子にならないように聞き手の耳にひっかかりをつくるのが目的なので、言葉の新旧は関係ありません。

長い年月とともに育まれてきた大和言葉の中にも、候補がたくさんあります。

特に「のっけに」と「この上なく」の二語は私のお気に入りです。「はじめにお届けした曲は」ではなく、「のっけにお届けした曲は」と紹介したり、「最高に楽しめそうなイベントですね！」ではなく、「この上なく楽しめそうなイベントですね」と感想を述べたり、セミナーや講演だけでなくラジオでもエッジを効かせたい時に使っています。

こうした表現はあくまでもスパイスなので、使いすぎには注意しなければなりません。二度も三度も、のっけに、のっけにと続けば、むしろ鼻についてしまいます。

流れを変えてみたいここぞという時に、自分なりのエッジを効かせてみてください。使いこなせるようになると、「言葉に対する感性が強い人」と見てもらえて、あなた自身の影響力も増します。

POINT

方言や流行りの言葉、大和言葉など、「ん？」と感じる言葉を挟むと、聞き手を振り向かせることができる。

言語で前のめりにさせる　　　　　　　　　　CHECK! □

アイスブレイクだと
気づかせない

　2章でご紹介したアイスブレイクは聞き手の緊張を和らげ、話を聞いてもらえる体勢をつくるための役割でしたが、私が考える本当のアイスブレイクは違います。**聞き手がアイスブレイクをしていたんだと気づくことなく、それだけで前のめりになり、最後まで夢中になって聞いてしまうきっかけのこと**です。だから決して、「これからアイスブレイクをやりましょう」とは言いません。

　時々、他のセミナーやイベントに参加すると、司会者がわざわざ「アイスブレイクをします」と宣言したり、パンフレットに「10：00〜10：15アイスブレイク」と書いてあったりするのを見かけますが、私はそのような枠づけがあると、正直、しらけてしまうのです。大好きなアーティストのライブに行ったら、1曲目からアンコールまで曲目がわかってしまうようなものです。**ワクワク感が一気に消えて、急に身がまえてしまう**のですね。

　もちろん、私が天邪鬼なだけであって、このように感じる人は少数かもしれません。けれど、中にはアイスブレイクをやるとわかったとたん「面倒くさいな」と感じたり、「お決まりのやつかな」と身がまえたりする人もいるのです。そうなれば、その人にとっては、もはやアイスブレイクではなくなります。

アイスブレイクと言わずにアイスブレイクをするほうが、結果的に多くの聞き手を惹きつけることができるのです。しかも、この演出のほうがよっぽどエレガントだと思いませんか。

聞き手がアイスブレイクだと気づかずに、いつの間にか引き込まれている状態にする方法は、172ページでご紹介したフォーク曲げと一緒です。**伝えたいメッセージとアイスブレイクの間にブリッジをかける**のです。

アイスブレイクとして他己紹介をしたのなら、「実は今やっていただいた他己紹介の中に、今日お話しするテーマのノウハウが凝縮されているのです」とつなげていく。

「はい、お隣さんとお話しできましたか？ 名前も覚えましたよね？ それでは、ここでアイスブレイクタイムは終わりです」とはやりません。

本題と何の関係もない、ただ緊張をほぐすだけのアイスブレイクを唐突にやるのではなく、話すテーマそのものにブリッジがかかるアイスブレイクを演出してみてください。

くどいようですが、アイスブレイクをやりますとはひと言も言いません。自然にはじめて、「だから、最初にあんなことをやったのか」と後から気づくような、そんなエレガントなアイスブレイクです。それができた時、聞き手はあなたの話に最後まで釘づけにならざるを得ないのです。

> **POINT**
>
> テーマと関連していることが後からわかるようなアイスブレイクを取り入れると、聞き手は自然と話に引き込まれていく。

言語で前のめりにさせる　　　　　　　　　　　CHECK! □

質問タイムでは褒める

　話の途中でも終わりでも、質問タイムを設けて聞き手とコミュニケーションを取るのは前のめりにさせる絶好のチャンスです。
　質問が呼び水となって、他の聞き手が再び強い関心を持つようになることもありますし、何より質問する行為そのもので前のめりになるからです。
　答えられなかったらどうしようという不安や時間が足りないせいで、省いてしまうケースもあると思いますが、質問タイムは可能な限り設けましょう。ポイントは3つです。

①質問者の質問内容を褒める
②質問が出なかった時のサクラを用意しておく
③答えられない質問は後日、回答すると約束する

　たとえ質問内容が的外れだったり、わかりにくかったり、何度も説明していることだったりしても、必ず質問者を褒めてください。**質問者を褒めることで、他の聞き手が「こんな質問でも大丈夫なんだ」と思い、どんどん手があがりやすくなる**からです。

「私が一番伝えたかった、カギとなる部分ですね。いい質問をありがとうございます」

「それは知りたいと思っている方が他にもいらっしゃるかもしれませんね。手をあげていただきありがとうございます」

など、とにかく褒めることを忘れないでください。

褒める部分がない場合は、「青のネクタイが素敵ですね！ 質問をいただきありがとうございます」と、外見を褒めましょう。

「質問が出ない」「質問に答えられない」場合はどうする？

このように質問がどんどん出てくれば盛り上がりますが、逆に1つも出てこないと場の空気が静まり、やらないほうがよかったということになりかねません。そこで、そうした事態を防ぐために、**あらかじめサクラを用意しておく**のです。聞き手の中に知り合いがいればその人に、いなければ主催者の1人に「質問が出なかったら、この質問をしてほしい」とお願いしておきましょう。

もう1つ、場の空気が悪くなる要因に、うまく対応できない質問がありますが、**無理してその場で答える必要はありません**。「鋭い質問をありがとうございます。申し訳ありませんが、今は正確な情報を持ち合わせていないので、明日にでも回答させていただきます。後ほど、メールアドレスを教えていただけますか？」と、答える約束だけをしっかりすればいい。質問者も納得し、次の質問者も出てきます。

> **POINT**
> 質問する行為によって聞き手は前のめりになる。質問タイムをうまく使って、最後まで惹きつけよう。

6章

勝手に変わる！理想の未来へと行動しだす話し方

聴衆が衝動的に一歩踏み出す

「暗示」編

6章の概要

あなたが人前で話す理由は何でしょう？
ここまで、伝わる力を高めるテクニックやノウハウをご紹介してきましたが、本当の理由は何かを伝えるためでも、何かが伝わるためでもなく、聞き手に具体的な行動を起こしてもらいたいからではないでしょうか。
「話を聞いて、さっそく毎朝練習するようになりました。ありがとうございます」「先週、取引先で実践したら、普段の倍も受注がとれました。今月は目標を達成できそうです」── こんな報告をいただけることほど、うれしいものはないでしょう。
自分が話したことがきっかけで、聞き手が理想の未来へと動き出していく。その姿を何よりも望んでいるはずです。
それを実現するには、もちろん、まず相手に伝わらなければならない。でも、伝わっただけでは、何も変わりません。聞き手が自ら行動したくなる、行動せざるを得なくなるような種を蒔き、水と肥料を与えて終えるのです。
最後は種を蒔く話し方と発芽を促す具体的な方法をご紹介しましょう。

行動へとつなげる種蒔き　　　　　　　　　　　CHECK! □

して欲しい行動を暗示で伝える

「勉強しなさい」。誰もが親に言われた経験があると思います。でも、そう言われて「はい」と素直に机に向かった人は少ないのではないでしょうか。

人は言葉で直接言われると反論したくなるものです。
「片づけをしなさい」「風呂掃除をしなさい」「早く寝なさい」……はじからはじまで反発したくなりますよね。

あなたが講師として話す時も一緒です。
聞き手にして欲しい行動を直接言えば、反発されやすくなる。だから、意識の抵抗を受けないように、さりげなく潜在意識に伝えていく。

それを可能にするのが暗示です。暗示を使えば、意識のチェックをすり抜けて、聞き手の潜在意識にダイレクトに浸透し、行動の種を植えることができるのです。

暗示を入れる方法はさまざまですが、本書では初心者でも簡単にできる効果的な方法をご紹介しましょう。

🗨 仮定で話す

「仮に」とか「たとえば」という言葉を使うと、聞き手に暗示

が入りやすくなります。

「やりたいことを考えてください」とダイレクトに言えば、「面倒くさいな」「現実には無理だよ」と反発の余地を与えてしまいますが、「たとえば、やりたいことを考えてください」と言うと、違う印象に聞こえてくる。

　たったそれだけ？　と思うかもしれませんが、侮ってはいけません。簡単な言葉ほど、人は無防備になるのです。

「たとえば」には、「これは、あくまでも１つの例だから、軽く考えてくれればいいですよ」という意味が含まれています。あくまでも「たとえば」の提案だから、聞き手は安心して受け入れる。これを「一例だから、気楽に考えてください」と口に出したら、意識に抵抗されます。

　含みで示してこそ潜在意識に直接浸透し、聞き手はやりたいことを考えてしまうのです。「たとえば」で聞き手を油断させて、行動している自分をイメージさせましょう。

　仮に「若い頃なら考えたけどなぁ」と返されたとしても、大丈夫です。次は「もし」を使います。

「そうですよね。年を重ねるとだんだん考える機会が減ってきますよね。でも、もし、今何の制約もないとしたら、どんなことをやってみたいか考えてください」

　相手の反発をいったん受け入れてから「もし」を使って、「あくまでも仮定としての答えでいいんですけど」という含みを入れると、「たとえば」でもまだ抵抗の残る聞き手も油断してイメー

ジしてしまうのです。

　このイメージが「行動の種」となります。

　たとえば、まずは明日のセミナーで試してみてはどうでしょう？　もし、試してみるとしたら、どんなメッセージに使うでしょう？

他人の話にかこつける

　聞き手にして欲しい行動を直接言えば、当然、自分に向けられているとわかり、反発されやすい。でも、他人の話にかこつければ、意識の門番をすり抜けて、潜在意識に「行動の種」を植えることができます

　「先日、もう10年来のおつき合いになりますかねぇ……この初代モデルの時からですから。皆さんもよく知っている、株式会社メメカラの役員の方が、こう言うんですよ。『麻生さん、コツは2つ。コツコツ……』これ聞いてね、やっぱり成功する人は違うなぁと思いました」

　この話を新商品の発表会でサラリと言えば、「これはメメカラさんが10年以上も採用している信頼性の高いものなんだ」「採用すれば同じように成功するんだ」。
　自己啓発セミナーで話せば、「メメカラさんもしたくらいだから、やっぱりコツコツ取り組むことが大切なんだ」という暗示が入るのです。

　ダイレクトに「このモデルを採用してください」「コツコツや

りなさい」と言われたらかまえてしまうけれど、**あくまでも他人の話だから、軽い気持ちで聞いている。だから、警戒をかいくぐって暗示が入りやすくなる**のです。

暗示が入ると、聞き手はイメージし、ある考えを自分で思いついたかのように連想します。

人から言われたことには反発できても、自分で考えたことには反発しにくい。他人の話にかこつけて行動の種を植えれば、聞き手は自然と前に踏み出すようになるのです。

🗨 わざと話を中断する

潜在意識には「ザイガニック効果」と言って、意識が考えるのをやめたことを引き継いで、答えが見つかるまで探し続けるという働きがあります。

友達とテレビドラマの話をしている時に「あの役の人、誰だっけ？」と肝心の俳優名を思い出せないことがあるでしょう。いくら考えても出てこない。

でも、翌日の朝、歯磨き中に「あっ、西島秀俊だ！」と突然思い出す。**意識が結論を出せなかった問題は潜在意識にスゥーっと落ちて、答えを見つけてくれる**からです。この現象を意図的につくり出すのが、話をわざと途中で止める方法です。

たとえば、聞き手に行動してもらいたいメッセージが「お礼のハガキをすぐに出そう」だとします。これをダイレクトに言えば、「あなたは慣れているからすぐに出せるでしょ」と反発される。

では、どうすればよいか。結論を言う直前で話を切るのです。「カバンの中に2、3枚いつも入れておけば、電車の待ち時間に

も書ける。だから……**あっ、そう言えば**、これを聞くのを忘れていました。今私のスマホ画面を見ると、メールの受信が15通となっています。皆さんは1日どのくらい届いていますか？」

　多少の演技は必要ですが、このように話を途中で切ると、聞き手の潜在意識が引き継いで話を完結させようとします。
「カバンの中に2、3枚いつも入れておけば、電車の待ち時間にも書ける。だから……そうだなぁ、お礼のハガキがすぐに出せるよなぁ」という考えが浮かんでくるのです。
　これは聞き手自身が出した結論なので、反発しようがありません。素直に受け入れることができる。ザイガニック効果を利用すれば簡単に暗示が入るのです。
　これに似た方法をすでにどこかで学んだ気がしませんか？
102ページでご紹介した「ネストループ」がそうです。
　ネストループでは最後に結論を話し手が示しましたが、わざと話を中断するところまでは一緒です。相手が勝手に変わっていく。理想の未来へと動き出す。そこには必ず自ら導き出した答えがあります。**行動させたいメッセージは、聞き手に気づかせるのがポイント**なのです。

🗨 アナログマーキングをする

　意識のチェックに引っかからない程度に、特定の言葉を強調して潜在意識にメッセージを送る方法を「アナログマーキング」と呼びます。
　私がセミナーで婚活の心得を話した時の例をあげましょう。<u>太字・下線の部分だけ、少し大きな声で読んでみてください。</u>

「**結婚できる人は**、決してイケメンや美女ばかりではありません。**自分も**そうですが、**周りも**案外そうでしょう。
　だからこそ、何であの人が美女と、イケメンと……っていうカップルを見つけると、**客観的に**認められず、むしろ、自分がそう**見られる人に**なりたいと思うのではないでしょうか」

　このように特定の言葉にだけ変化をつけて話すと、聞き手は無意識にその差を感じて、表面的な意味とは違う、次のようなメッセージが伝わるのです。

結婚できる人は自分も周りも客観的に見られる人

　くどいようですが、これをそのまま口にすれば「私に客観的視点がないって言うのか！」と反論されます。でも、意識に気づかれないように、まったく別の意味となる話の中でアナログマーキングをすれば、聞き手の潜在意識にストレートに誘導の種を植えることができるのです。

　強調の方法は声の大きさを変えるだけではありません。
　こちらが意図した言葉だけに差をつければいいので、**声のトーンを上げたり落としたりする**のもいいですし、**スピードに変化をつける**のも効果的です。その言葉の時だけ、**眉を上げる、目を見る、手を広げる、右側に移動する**など、表情や動作に変化を加えるのもアナログマーキングになります。

　アドリブでやるには少し難易度が高いので、はじめのうちは次の準備をしてチャレンジするのがおすすめです。

①潜在意識に浸透させたいメッセージや行動を書き出す
　例 結婚できる人は自分も周りも客観的に見られる人
②書き出したメッセージを言葉や文節で分解する
　例 結婚できる人は、自分も、周りも、客観的に、見られる人
③講演原稿の中に分解してできた言葉や文節と同じ箇所があれば、蛍光ペンでなぞり、その部分をアナログマーキングする

　原稿がない場合は、アナログマーキングを試す部分だけでも用意しましょう。その際、浸透させたいメッセージとは違う意味になるようにすると、含みに気づかれにくくなります。もちろん、同じ意味であっても、わずかに声を大きくするなど、不自然さを感じさせない程度で話せば問題ありません。

　マーキングの方法は声の変化で差をつけるのが一番簡単ですが、慣れてきたら、間をあける、手元のペットボトルを持つ、前に出る、胸に手をあてるなど、状況に応じてさまざまな方法を組み合わせてみてください。よりいっそう聞き手の印象に残り、意図した行動へと誘導しやすくなります。

> **POINT**
> 人は言葉で言われると反発したくなる。聞き手の潜在意識に働きかける暗示を使おう。

発芽を促す CHECK! □

聞き手の背中をポン！と押す実践ノウハウ 前編

　行動の種を植えたら、放っておいてもいつかは芽を出しますが、できれば話し終えた瞬間に「購入しよう」「登録しよう」「はじめよう」と前に進んで欲しいでしょう。

　プレゼンでもセミナーでも話すときに忘れてはならないのが、**聞き手が「今すぐ変わりたい」と動き出せるように背中を押したり、環境を整えたりすること**です。

　どんなに固い地面でも突き破って出てこられるようにする、そのきっかけをつくらなければなりません。

　アメリカのオバマ前大統領は「Yes we can !」で国民の背中を押しました。流行語大賞にもなった、「いつやるの？　今でしょ！」も林修先生が受験生を本気にさせたひと言です。

　あなたも想いを凝縮した短いフレーズを用意して、ここぞという時に使えば、聞き手の衝動を駆り立てやすくなります。

　私はよく「声は人なり」「最後に一番大きなドミノ倒しを見よう」というフレーズを使って、発芽を促しています。もちろん、方法はこれだけではありません。

　フレーズが思い浮かばなくても、聞き手の背中をポン！　と押せる具体的な方法をご紹介しましょう。

🗨 簡単なステップを示す

　最後に必ず、今日からできる簡単なステップを示してください。これなら自分にもすぐにできる、続けられる、今度こそ変われそうだと確信させて、はじめて聞き手を突き動かせるからです。

　私がコミュニケーションをテーマに話す時は、最後にこう示すようにしています。

「今日帰りましたら、必ず何か１つ褒めてみてください。『この淹れてくれたコーヒーおいしいね』『いつもトイレがきれいだよね』でも、何でもかまいません。どんな小さなことでも周りを観察して１日１つ褒めていく。職場でも家庭でも心が通じ合えるようになる、もっとも簡単な方法です」

　ノーベル平和賞を受賞したマザー・テレサも世界平和の実現について語った時、「今から家に帰って家族と過ごしてください」と、はじめの一歩を示していました。
　このようなステップをあなたも必ず用意して、最後に促すのです。小さくて簡単なほど行動してもらいやすくなります。バナナを食べるだけならダイエットできるのも、聞き流すだけなら英語を学べるのも、前に踏み出す負担が限りなくゼロに近いからでしょう。
　今すぐできるステップを具体的な行動にまで落とし込んで、最後に示す。これがあるのとないのとでは、聞き手の未来が大きく変わります。

🗨 リフレーミングで導く

「リフレーミング」とは、物事を違う枠組み（フレーム）で捉え直すことで、カウンセラーが相談者の間違った思い込みを外すのにもよく使われているテクニックです。

人は枠組み（フレーム）に応じた考え方や感じ方をします。「僕は男です」「私は女です」と言う時と、「僕は税理士です」「私は主婦です」と言う時では、感じ方がまったく違うでしょう。聞き手の考え方や感じ方を導きたい時も、これを利用するのです。

「たしかに会社員としての私たちが独立するのは、気が引けるかもしれません。でも、一生に一度、この世に生を受けた1人の人間としては、いつまでもチャレンジする気持ちを忘れないで欲しいのです」

「会社員」というフレームから、「1人の人間」というフレームにかけ替えて、自分自身を捉え直させるのがポイントです。
　聞き手は1人の人間としての自分を考えたり、感じたりしはじめます。
　生まれきたからには、いくつになったって何かに挑戦したいという思いがどこかに必ずあるでしょう。その背中をリフレーミングで押してあげるのです。徐々に独立に対する抵抗がなくなり、心から望む未来へと歩き出すようになります。
　ただフレームを変えるだけで行動を促すことができる、非常にパワフルなテクニックです。

🗨 ユーティライゼーションで魔法をかける

　人を導くなら「ユーティライゼーション」ほど、理想的でエレガントな方法はありません。天才催眠療法家である故ミルトン・エリクソンの代名詞とも呼べるテクニックで、**「相手の中にすでにあるもの」を利用して導く方法**です。

「治療に抵抗するクライアントなどいない。柔軟性に欠けるセラピストがいるだけだ」。こう語ったエリクソンは、どんな患者であろうと「相手の中にすでにあるもの」を利用して、臨機応変に1人1人の心を導きました。実際に彼のセラピーを受けた患者は「まるで魔法のようだった」と証言しています。

　たとえば、あなたが保育園の先生だとしましょう。園児を散歩に連れて行きたいけど、悪ガキばかりで、なかなか言うことを聞いてくれない。同僚の先生も「集まりなさい！」「遊びをやめなさい！」「こっちに来なさい！」と毎回声を大きくあげて苦労している。そんな時、あなたならどのように園児を導きますか？

　子育ての経験があれば、素晴らしい策をお持ちかもしれません。でも、ここではユーティライゼーションを使った導き方がどんなものなのかを知っていただきたいのです。

　まず、右手の指を2本、左手を3本伸ばして、胸の前に突き出します。そして「合わせて、いくつだ⁉」と近くの子どもに聞く。子どもはぽかんとしながら、「5つ？」と答える。「正解！　それ

じゃ次は……」と、また違う組み合わせの指を出します。
　すると、遠くから見ていた子どもたちが、何かおもしろそうなことをしているぞと気づいて、徐々に集まってきます。3分後には、われ先に答えようとしている。
「暗くって、暗くって……暗ぁ〜いモノは、な〜んだ？」。今度はなぞなぞを出します。近くにいる子どもが、声を揃えて「夜〜！」と答える。「正解！　それじゃ次は……白くって、冷たくって、甘ぁ〜いモノは、な〜んだ？」。子どもたちは大声で「アイスクリーム！」と叫びます。
　気がつくと、もう、あなたの前にはたくさんの子どもたちが集まっている。
「次の問題は、ちょっぴり難しいよ〜」
　もったいぶった口調で、あなたは言います。
「高くって、高くって、高〜いモノは、な〜んだ？」
「天井！」「屋根！」「うんてい！」
「ううん、もっともっと高いものだよ！」
「えっと〜、スカイツリー！」「東京タワー！」「富士山！」
　子どもたちは夢中になって、矢継ぎ早に答えを口にします。でも、あなたは首をふる。
「いいえ違います！　もっともっと、も〜っと高いもの！」
　遠くのほうで遊びに夢中だった子どもたちも次々に集まってきて、いつの間にかクラス全員があなたの周りに集まっています。
　そして声を揃えて、「空！」と叫ぶ。
「はい、正解です！」。あなたはニコッと笑う。
「それでは空を見に、みんなでお散歩に行きましょう！」

　もちろん、これは一例にすぎません。でも、ユーティライゼー

ションがどんなテクニックなのか、おわかりいただけたでしょう。子どもは考えるのが好き。そこを利用して導いたのです。

　子どもの主体性を引き出して、自発的に大人の言うことを聞かせる。「集まりなさい！」「遊びをやめなさい！」「こっちに来なさい！」と言わずに導くなんて、エレガントだと思いませんか？

　セミナーや講演で話すときも一緒です。利用できるものは何でも利用する。
　私が石油ガスを供給する会社で講演した時は、聞き手が仕事中に何度も口にしていた「エネルギー」という言葉を利用しました。

「会議であろうと、部下へのアドバイスであろうと、言の葉に<u>エネルギー</u>を乗せて話すことが大切なんです。ぜひ、熱い想いを<u>満タン</u>にして届けてください」

　聞き手にとってピン！　と来る表現だからこそ、潜在意識的に親しみを感じ、やってみようと動き出すのです。

　このように業界に合わせて聞き手の表現傾向をユーティライズするのも手ですし、社風や属性に特徴があれば、それを利用するのもいい。
　ユーティライゼーションは何を利用するかでまったく違ってくるので、これが正解というものがありません。だから、テクニックというよりは人を導く１つの大切な考え方とも言えます。
　他にもよいアイデアがたくさんあるでしょう。変化自在に美しく導けるこのユーティライゼーションを使って、あなたも聞き手に魔法をかけてください。

> **POINT**
> 次の行動のステップを示す、フレームをかけ替える、「相手の中にすでにあるもの」を利用する。

発芽を促す　　　　　　　　　　　　　　　　　　CHECK! □

聞き手の背中をポン！と押す実践ノウハウ 後編

💬 コンシャス-アンコンシャス・ダブルバインドで誘導する

　片づけセミナーなら「片づけをはじめましょう」、SNS活用セミナーなら「SNSに登録しましょう」と、どんなテーマで話そうとも最後には行動を促さなければなりません。

　すでに暗示を入れた状態なら、直接言っても反発される可能性は少ないでしょう。むしろ、ここぞという時にはっきりと言わなければ行動してもらえません。

　でも、できれば反発の余地を限りなくゼロにしたい。そんな時に役立つのが、「コンシャス-アンコンシャス・ダブルバインド」です。たとえば、何か会員登録してもらいたい時はこう言います。

「もうすぐ春ですから（A）、登録しましょう（B）」

　季節に合わせて、「もうすぐ夏ですから……」「もうすぐ冬ですから……」とAとBをつなげるだけで、聞き手はスムーズに登録してしまうのです。

　もし、これが「登録しましょう」だけだったら、「別にしなくても……」と反論の余地が出てくる。でも、「もうすぐ春ですか

ら、登録しましょう」とつなげて言われると、「あなたは登録すべきだ」という意味ではなく、「これから季節は春になる」「春になったら会員登録をするもの」「だから春を迎える今、登録手続きをする」というメッセージになります。

　冷静に考えれば、「春になる」ことと「登録する」ことには何の関係もありません。けれど「もうすぐ春ですから（A）、登録しましょう（B）」と２つをつなげられると、春になることが登録する理由になるので、春になろうとしている時に言われたら反論できなくなってしまうのです。
　意識のチェックをすり抜けた言葉は、当然、そのまま潜在意識に浸透し、行動に影響を与えます。

　このように、意識の抵抗にあってなかなかできないB（アンコンシャス）と、意識できるまったく無関係なA（コンシャス）をつなげて、否定しにくくさせる話法をコンシャス - アンコンシャス・ダブルバインドと言います。

「世間知らずなんだね」「わがままなんだね」だけなら言い返せても、
「独身だから（A）、世間知らずなんだね（B）」
「１人っ子だから（A）、わがままなんだね（B）」
　と言われたら、それが事実のように聞こえてしまうのもそう。

「独身」「１人っ子」は事実です。だから意識が受け入れる。そして、つながっているがゆえ、片方（A）を受け入れたら、もう片方（B）も受け入れざるを得なくなるのです。

私のセミナーでは冒頭からこのコンシャス - アンコンシャス・ダブルバインドを必ず仕掛けています。

「今日はこの後お昼12時まで、一緒に学んでいきます。ちょっと長いのでね、大変かもしれませんが、でも、終わった頃には、きっと、これは仕事にもプライベートにも役立つぞ、すぐに試そうと思っていただけるに違いありません。最後までどうぞおつき合いください」

　この前フリを入れておくと、最後にどうなるか。
　参加者が口々に、「これは仕事に役立ちそうだ」「さっそく職場で試してみよう」と私が言った言葉をそのまんま、自分の言葉のように話しはじめるのです。はじめてこの光景を見たときは本当にびっくりしました。

　カラクリはお気づきでしょう。**「学び終わったら（A）」→「すぐに試したくなる（B）」**というメッセージをのっけから聞き手の潜在意識に浸透させて、誘導していたのです。

　コンシャス - アンコンシャス・ダブルバインドは、いたるところで使われています。つい納得してしまった声がけがあれば、一度疑ってみてください。

「この仕事が終わったら（A）、自信がつくよ（B）」
「裸でいると（A）、カゼをひくぞ（B）」
「春だから（A）、オシャレしよう（B）」
「お茶でも飲んで（A）、落ち着いて話そう（B）」

これらはすべて、コンシャス - アンコンシャス・ダブルバインドです。Bだけなら否定できますが、Aをつなげられると無条件にA + Bを受け入れてしまう声がけばかりでしょう。
　セミナーや講演でもコンシャス - アンコンシャス・ダブルバインドを使って話せば、聞き手を無意識のうちに誘導できるようになります。

🗨 前提を忍ばせる

「○○をするか、しないか」という選択を、「AとBのどちらにするか」「どのくらいするか」「どのようにするか」「いつするか」「どこでするか」「誰とするか」などにすり替えて、**することを前提に話すのも、行動を促す効果的な方法**です。

「今日のお昼はパスタと中華のどっちがいい？」
「お昼はどこで食べようか？」
「何時にお昼、食べに行こうか？」

　男性なら女性をこんな風に誘ったことがあるのではないでしょうか。これはバインドと呼ばれるテクニックで、質問にどう答えようとも、ランチに一緒に行くことになる鉄板フレーズです。
　仮に「え〜、パスタも中華もいやだなぁ」と言われたとしても、「じゃぁ寿司にしよう」と背中を押せばいいだけ。
　セミナーや講演で話す時も、促したい行動にバインドをかければ同じ効果が得られます。

例1

「保険は貯蓄と保障のバランスが大切です。どちらを厚くしたほうがいいかは人それぞれですので、先ほど記入して見えてきた最適な比率を参考に、**あなたに合ったプランはAなのかBなのか、お選びください**」

例2

「他の英会話教室との違いは、いつでも、どこでも、学びたいときにスマホやPCでワンコイン30分で受講できること。しかも、講師全員がネイティブスピーカーだということです。忙しいビジネスマンほどなかなかまとまった時間がとれないでしょう。**1週間のうち、どれくらいなら学べそうですか？** 30分単位なので隙間時間を探してください」

どちらもバインドによって、意図した結果に結びつくようになっています。

他にも「Aに気づいている」「Bを知っている」というフレーズを覚えておくといいでしょう。前提を簡単に忍ばせることができるからです。

「小さな店でもSNSを積極的に活用してコミュニケーションをとっていかなければ、大型店にお客様をどんどん奪われてしまうと（A）、私たち**気づいています**」

言葉通り、聞き手が気づいていたら、（A）を受け入れることになる。逆に気づいていなかったとしても、気づいていないだけ

なので、どっちにしろ A を受け入れることになるのです。
「気づいています」がない場合と比べてみてください。

「小さな店でも SNS を積極的に活用してコミュニケーションをとっていかなければ、大型店にお客様をどんどん奪われていきます」

　明らかに印象が違うでしょう。「気づいています」がないと、「そうかなぁ……？」と反論したくなるはずです。
　次の例も同様です。

「話し方のスキルを磨くことが士業の成功のカギを握っているのは（B）、**誰もが知っているでしょう**」

　知っていても、知らなくても、聞き手は（B）を認めることになるのです。

　占い師に「あなたの近くにあなたのことを想っている人がいます」と言われた経験はないでしょうか？　もし、あなたが首をかしげたとしても、占い師はこう言ったはずです。
「気づいていないだけですよ」

POINT

反発の余地を限りなくゼロにするテクニックで、聞き手をスムーズに誘導しよう。

発芽を促す　　　　　　　　　　　　　　　　　　　　CHECK! ☐

> # ダブルミーニングを
> # 仕掛けておく

いい話を聞いた、参加してよかった、さっそくやってみようと思わせる話には共通点があります。

聞き手自身が**話のテーマとは別にもう1つ、大切な意味や学びに気づく**ことです。

「これは単なる片づけのノウハウじゃない、人生にも通じる心得だ」

あなたもハッと気づいた経験があるでしょう。

このように、2つ以上の解釈が可能な意味づけを「ダブルミーニング」と言って、人を動かすストーリーには必ず含まれているものです。

たとえば、ベストセラーになった通称「ビリギャル」(『学年ビリのギャルが1年で偏差値を40上げて慶應大学に現役合格した話』)は、どうやって偏差値を上げていったのか、その勉強法や教え方に多くの関心が集まりましたが、実は、偏差値が上がるかどうかじゃなくて、「誰にでも可能性があるんだよ」「心からワクワクできるものを見つけられるかどうか、親は子どもを信じられるかどうかが大切なんだよ」というメッセージが含まれていまし

た。そこに読み手が気づいたから大ヒットしたのです。

　セミナーやプレゼンでも、タイトルは「1年で偏差値40アップ！　超速勉強法」でもかまいません。でも、話の中にもう1つ別の意味や学びを持たせられないかを考えてみてください。

　1章でご紹介した「メンタルチューニング」を私がセミナーで伝えるときは、これはあらゆる悩み解決に通じる大切な考え方なんだというダブルミーニングを仕掛けるようにしています。

いい話を聞いた、さっそくやってみようと思わせる話には、話のテーマとは別にもう1つ、大切な意味や学びがある。

発芽を促す　　　　　　　　　　　　　　　　　　　CHECK! □

最初に終わらせておく

「そっか！　実は、もう最初に学んでいたんだ……」

ダブルミーニング同様、終わった時にこの気づきが得られると、聞き手は腑に落ちて行動しやすくなります。

テーマの結論につながる大切なポイントを、冒頭で話す雑談に忍ばせたり、アイスブレイクに仕掛けたりして、メインの話（と見せかけている）に入った時はすでに終わっている流れにするのです。

「人生で大切なことはすべて幼稚園で学んでいた」と同じ感覚でしょうか。

==「実は、とっくのとうに学んでいたんだ」という事実と気づきが、聞き手の潜在意識に「それくらい重要なことなんだ」という印象を与えて行動を促す==のです。

私はアイスブレイクの中によく仕掛けます。

たとえば、隣同士でじゃんけんをしてもらい、勝った人が負けた人の笑顔を褒めるというゲームをする。褒めなれていないとなかなか言葉が出てこない。

「褒めるって難しいなぁ」「習慣が必要だなぁ」と思う人もいれば、「そもそも褒めるにはよく観察しないとダメだ」と気づく人

もいる。

　さらには、「褒めるのは難しいけど、言われる側になると悪い気はしない」と、別の視点で捉える人も出てきます。

　そうしたさまざまな気づきが最後には「そっか！　最初にやった褒めること自体が自然と相手をよく知り、好印象を与えられるコミュニケーションそのものだったんだ」と実を結ぶように話していくわけです。

　理想は聞き手自らが「！」と気づくエンディングですが、こちらから「実は、もう皆さんはその学びを体験していたんですね」と言ってしまってもかまいません。同じように腑に落とすことができます。

　ユーティライゼーション同様に、この方法も非常にエレガントな導き方です。

> **POINT**
> 「そうか！　そういうことだったんだ！」と気づいてもらえるエンディングにできたら最高。

発芽を促す　　　　　　　　　　　　　　　　　CHECK! □

最後はモチベーターになる

　いよいよ、あなたにお伝えする実践ノウハウも残り少なくなりました。
　これまでご紹介してきた人前で話すためのテクニック（Do）とあり方（Be）は、どれも、私がラジオパーソナリティーとして、セミナー講師として、16年以上もの間、現場で培ってきたものばかりです。

　たった1つをものにするだけでも、伝わる力が磨かれます。できそうだな、やってみたいなと思えるものからぜひ試してみてください。
　そして、どんなテクニックを使った場合でも、最後は**言葉に体温と体重をのっけて自信を持って聞き手を導く**のです。
　え？　結局はそれかよと思われたかもしれません。その通り、結局はそれなのです。

　私が開催している勉強会では、相手の心を読み取るマインドリーディングも教えています。観察力だけでなくトリックを使って試みるケースもあるのですが、うまくできない人はどこかで騙していると思ってしまう。自信を持って導いていないのです。

超能力者には「本物の超能力者」と「本物の超能力があると信じて疑わない人」の2タイプがいるのと一緒で、自信を持って導いている人には、それだけで周りを引き込む圧倒的なパワーがあるのです。その力に勝るものなんてありません。

　聞き手は変わりたいと思っています。でも、意識とは反対に潜在意識はできるだけ現状を維持しようする。ダイエットしたくてもダイエットできない。英会話をはじめても続かない。したくてもできないという状態から聞き手を導くには、結局は**あなたの「そのまま前に進んでいいんだよ」と思わせる影響力が必要**なのです。

「私にも今の皆さんと同じように悩んでいた頃がありました。でも……」と続けて、夢や希望を抱き、何かに挑戦したエピソードをテーマに合わせて時折語ってください。パーソナルな一面を出していくと、聞き手はあなたの言葉に体温と体重を感じます。
　それだけじゃない。あなた自身も相手の変化を感じて、伝えることそのものを楽しめるようになるでしょう。
　聞き手が未来に向かって歩み出すからです。うれしくないわけがありません。
　最後は自信を持って導いてください。あなたは単なる話し手ではなく、聞き手の背中を押してあげられるモチベーターなのです。

> **POINT**
> どんなテクニックにも勝るのは、話し手が言葉に体温と体重をのせて、自信を持って聞き手を導くこと。

おわりに

　情報を与える話し手から体験を与えるエンターテイナーへ。
　最後は聞き手の背中を押せるモチベーターになる——。
　秀でた講師、プレゼンターであれば、無意識のうちにできていることです。

　ページをめくりながら、「あ、このテクニックは自然と使っていたなぁ」と感じた方、「これは知っていただけで、実際に試したことはなかったなぁ」と再確認できた方、「はじめて知るノウハウだ。さっそくやってみよう！」とチェックマークをつけた方、それぞれいらっしゃるでしょう。
　「待てよ、これはもっとこうしたらいいんじゃないか」と、さらに効果的な方法を思いついた方もいらっしゃるかもしれません。

　本書がきっかけで、今まで何となくやってきたことに意識的に取り組めるようになって、より磨かれたノウハウに生まれ変わっていく。
　そしていつしか、**そのノウハウを使わずとも、あなたがただその場にいるだけで、聞き手が一歩踏み出す日がやってくる。**
　それこそが私の願いであり、一緒にめざしたいゴールです。

　人前で話すことが苦手だった私が書きました。ラジオパーソナリティーとして、16年以上もマイクの前でしゃべり続けてきた私が書きました。そして、セミナー講師としても実践を積んできた私が書きました。

30分の講義をすることになった初心者から、2時間以上の講演を何百回と続けている上級者の方にも役立つように、心を込めて執筆いたしました。
　後は、あなたが実践するだけです。
　チェックマークが増えるたびにゴールに近づいていく。そんなあなたを目に浮かべながら、筆を置くこととします。ここまでお読みいただき、ありがとうございました。

　最後に、執筆の機会をくださった同文舘出版の竹並さんに心から感謝いたします。
　また、私が主宰する勉強会「雄風会」で学ぶ仲間達をはじめ、パーソナルモチベーターの石井裕之氏、HBCの石崎アナ、FMりべーるの森山社長、山川局長、創造と改革の小野寺会長、いつも番組を盛り上げてくれるリスナーの皆さん、パーソナリティーのはせがわよしみさん、よねばやしあかねさんにも厚くお礼を申し上げます。
　こうして本書が書けるのも皆さんと出会えたおかげです。
　本当にほんとうにありがとうございました。

　2018年9月　　　　　　　　　　　　　　　　　　麻生けんたろう

　追伸　いつか、あなたと直接お会いできるのを楽しみにしています。

▶次はここでお会いしましょう！

本書を最後まで読んでくれたあなただけに
お礼に著者・麻生けんたろうの特別レッスン

「ピンチもチャンスに変わる！
聴衆が味方になるフレーズ集」

を無料プレゼント！

メールにてお届けします。

今すぐアクセス！

http://www.asoukentaro.com/pro30/

あなたのメールアドレスを登録するだけです。
ぜひ、本書とあわせて参考にしてください。

著者略歴

麻生けんたろう（あそう けんたろう）

ラジオDJ／パーソナルモチベーター／FMりベーる取締役

あがり症の営業マン時代を過ごすも、局アナをしている友人との出会いにより克服。アナウンサー養成学校に通う。その後、札幌転勤を機に独立を決意。北海道のラジオ局を中心にしゃべり手として活躍。近年はその経験を活かし、話し下手で悩む経営者、医療関係者、就活生、女性起業家など延べ1,700人以上に個別指導をする他、地元旭川では聴衆の関心を惹きつけるプレゼン力、初対面でも相手の心を開くコミュニケーション力を磨く勉強会「雄風会」を主宰。ラジオのしゃべり手ならではの話術「スケッチ・トーキング」をはじめ、メンタリズム、コールドリーディング、NLPのスキルを融合した仕事や恋愛に活かせる独自のコミュニケーションノウハウを伝授している。著書に『さようなら！「あがり症」』（同文舘出版）、『「しゃべる」技術』（WAVE出版）、『「話がわかりやすい！」と言われる技術 スケッチ・トーキング』（大和書房）他がある。

【連絡先 （セミナー講演・研修依頼、お問い合わせ等）】
●麻生けんたろうのサイト http://www.asoukentaro.com/ （問い合わせフォーム有）
●勉強会「雄風会」のご案内 http://www.asoukentaro.com/yufukai/
〒070-0841　北海道旭川市大町1条4丁目14-315 ワンドリームピクチャーズ内
株式会社アルマテックネット　E-mailアドレス：info@1mc.biz

スピーチ・プレゼン・研修・セミナー・講演
人前で30分話すためのプロの実践テクニック

平成30年9月27日　初版発行

著　者——麻生けんたろう

発行者——中島治久

発行所——同文舘出版株式会社

　　　　東京都千代田区神田神保町1-41　〒101-0051
　　　　電話　営業03（3294）1801　編集03（3294）1802
　　　　振替 00100-8-42935
　　　　http://www.dobunkan.co.jp/

©K.Asou　　　　　　　　　　　　　　ISBN978-4-495-54015-9
印刷／製本：三美印刷　　　　　　　　Printed in Japan 2018

JCOPY ＜出版者著作権管理機構 委託出版物＞
本書の無断複製は著作権法上での例外を除き禁じられています。複製される場合は、そのつど事前に、出版者著作権管理機構（電話 03-3513-6969、FAX 03-3513-6979、e-mail: info@jcopy.or.jp）の許諾を得てください。

仕事・生き方・情報を サポートするシリーズ

さようなら！「あがり症」
──10人から100人の前でラクに話せる
麻生 けんたろう著

自分の「思考」を変える、事前に「準備」する。この2つを実践すれば、あがり症を克服できる！　会社の朝礼や面接から、結婚式のスピーチや講演まで、あがらずに話すためのノウハウ　　本体 1,500 円

新版 もうあがらない！
結婚式のスピーチで困らない本
麻生 けんたろう著

あなたの「心からお祝いしたい！」という気持ちを応援します！　元あがり症の現役ラジオDJがおくる、結婚式や二次会であがらず、真心のこもったスピーチができるようになる方法　本体 1,500 円

なぜ、あのリーダーはチームを本気にさせるのか？
──内なる力を引き出す「ファシリーダーシップ」
広江 朋紀著

メンバーを支援し、一人ひとりの意志やアイデアを引き出し、チーム全体の価値に変換しよう。強制しない、放置もしない、新しいリーダーシップ──ファシリーダーシップの高め方　本体 1,500 円

自分1人、1日でできる
パーソナルブランディング
草間 淳哉著

自分が持つ魅力的な部分、独特の価値に気づき、なりたい自分に近づくための8つのステップ。営業ゼロでも受注が倍増し、やりたい仕事だけを選べる生活を送ろう！　本体 1,500 円

一瞬で場をつかむ！
プレゼン 伝え方のルール
森本 曜子著

話し方しだいで、相手の納得・共感度はぐんと変わります。「伝える」ではなく「伝わる」ための、会議・スピーチ・面接・自己紹介──本番でうまくいく「空気」のつくり方　本体 1,400 円

同文舘出版

※本体価格に消費税は含まれておりません